novum pro

AF162532

Yvonne Natascha Knoblauch

YVI rising

Die wahre Kunst des Lebens

novum pro

www.novumverlag.com

Bibliografische Information
der Deutschen Nationalbibliothek:

Die Deutsche Nationalbibliothek
verzeichnet diese Publikation in
der Deutschen Nationalbibliografie.
Detaillierte bibliografische Daten
sind im Internet über
http://www.d-nb.de abrufbar.

Alle Rechte der Verbreitung,
auch durch Film, Funk und Fernsehen,
fotomechanische Wiedergabe,
Tonträger, elektronische Datenträger
und auszugsweisen Nachdruck,
sind vorbehalten.

© 2021 novum Verlag

ISBN 978-3-99107-281-2
Lektorat: Susanne Schilp
Umschlagfotos: Mirjana Vasiljevic,
Vladislav Zhukov,
Kyle Sandell | Dreamstime.com
Umschlaggestaltung, Layout & Satz:
novum Verlag

Gedruckt in der Europäischen Union
auf umweltfreundlichem, chlor- und
säurefrei gebleichtem Papier.

www.novumverlag.com

*Und Gott der Herr rief Adam
und sprach zu ihm:
Wo bist du?*
(1. Mose 3.9)

*Und er sprach:
Ich hörte dich im Garten
und fürchtete mich;
denn ich bin nackt,
darum versteckte ich mich.*
(1. Mose 3.10)

Inhalt

Vorwort 9
Einführung 11

INNENSCHAU 15
Angstvoll 17
Überwindung 25
Bezichungsweise 30
Mitteilung 38

OFFENBARUNG 43
Chaos 45
Voll am Arsch 51
Handlungsbedarf 57
Demaskierung 64

AUFERSTEHUNG 69
Kampflos 71
Lebenswert 77
Schwungvoll 88
Schöpferkraft 94

Nachwort 104
Danksagungen 106

Vorwort

„Ich glaube, irgendwann wirst du mal ein Buch schreiben!", antwortete mir meine Mama vor ein paar Wochen auf einen meiner Posts. Ja, liebe Mama, sieht ganz danach aus, und es ist nicht mehr irgendwann, sondern heute. Es ist jetzt. Ich schreibe ein Buch. :)
Was meine Mama damals allerdings nicht wusste: Bereits seit vielen Jahren habe ich immer wieder mal damit begonnen, ein Buch zu schreiben. Ich schreibe einfach sowas von gerne. Worte können so ausdrucksstark sein, so bewegend, so gefühlvoll. So ehrlich, so deutlich, so wahr. Jedoch, bis dato hatte ich all meine literarischen Ergüsse immer wieder verworfen. Manchmal Zeilen, die mit positiven, aufmunternden Worten gefüllt waren. Andere, die einfach von meinem Leben erzählten und wie ich mit manch einer schwierigen Situation gelernt habe umzugehen. Es waren tiefgreifende Worte. Grundsätzlich ehrlich.
Dachte ich jedenfalls. Denn eine Weile später, als ich die geschriebenen Zeilen nochmals las, war es nicht mehr stimmig für mich. Plötzlich fühlten sich diese Worte doch nicht mehr so wahr und ehrlich an. Woran lag das bloß? Es waren großartige Worte, bewegende Worte. Warum ging darin plötzlich diese Ehrlichkeit verloren?

Mein Impuls, ein Buch zu schreiben, durchlief jedes Mal denselben Prozess. Ich las dieses vollbrachte Schriftstück durch, betrachtete das Gesamtwerk, und am Ende befand ich es für nicht gut genug. Verworfen, gelöscht, weggeschmissen. Wie bereits so oft.
Kann schon mal vorkommen im Leben. Da arbeitet man Tag und Nacht an einer Sache, von der man anfangs voll begeistert war, und plötzlich erweist sich dieses Endprodukt als total langweilig und irgendwie deprimierend.

Vielleicht lag es bei mir einfach daran, dass ich früher echt einen starken Hang zu sehr tiefgehender Dramatik und überdimensionalem Philosophieren hatte. Eigenartiger Vogel ich.;)

Jedes Mal, wenn ich bisher ein Buch geschrieben hatte, versuchte ich, dieses ganze kreative Schriftstück mit supergenialem Humor aufzupeppen. Aber unter uns gesagt: Wenn diese Dramaqueen in mir hochkam und sich dann auch noch die tiefgründige Philosophin dazugesellte – da war für die einfache Spaßkanone kein Platz mehr.

Stellt Euch doch mal vor, Ihr schreibt gerade über ein melodramatisches Ereignis, seid voll in Eurem Alles-Drama-Element, verfeinert das Ganze dann mit einem ordentlichen Klugscheißer-Spruch – na, was wird dabei wohl herauskommen? Genau! Ein Gericht mit echt bitterem Beigeschmack!

Ein Gericht, das man schon schwer überhaupt hinunter bekommt, weil es irgendwie so zäh zu kauen ist wie eine Gummisohle. Ein Gericht, welches einem nach endlosem Zerkauen fast im Hals stecken bleibt. Endlich hast du es geschafft, dieses geschmacklose Teil in deinen Magen zu befördern und dann ...

Dann stößt es dir noch sauer auf. Im schlimmsten Fall geht dir danach noch die Galle über, bleibt vielleicht etwas davon auf der Leber liegen, und dir geht das alles echt an die Nieren.

Eine simple Möglichkeit, mit diesem Müll fertigzuwerden, wäre, ihn einfach wegzuwerfen. Man könnte es auch wie die Vögel machen und drauf scheißen. Haha. Doch in Anbetracht dessen, dass gerade Coronazeit ist und derzeit weit verbreiteter Klopapiermangel herrscht, erachte ich diese Möglichkeit nicht für sinnvoll.

Nein, heute schenke ich dem Ganzen Raum! Was auch immer es sein mag – heute darf es sich zeigen! Jetzt darf es sein! Ich werde es nicht wieder verwerfen, sondern bringe zu Ende, was ich angefangen habe! Mit Geduld und Mut zur Veränderung. In Liebe, Vertrauen und dem Bewusstsein, mein Bestes zu geben. Ja, heute schreibe ich EIN BUCH!

Und am Ende werden wir sehen, was dabei herauskommt ...

Einführung

Willkommen in einer Zeit, in der die Welt stillzustehen scheint!
 Wir schreiben das Jahr 2020 und mit ihm eine Sache, die das rege Treiben der Menschheit nahezu lahmgelegt hat. It's Corona-Time!

Während sich draußen der Frühling breitmacht, die Natur wieder zu neuem Leben erwacht, tut sich bei den Menschen in ihren vier Wänden ganz was Neues auf. Diese Zeit ist echt irgendwie sehr speziell. Menschen verbringen ihren Alltag zu Hause bei ihrer Familie. Eltern versuchen sich neuerdings als Hilfslehrer für ihre Kinder. An den Kassen der Kaufläden braucht man nicht zu fürchten, dass man wiedermal einen Einkaufswagen von seinem Hintermann in den Allerwertesten gerammt bekommt. Die Luft ist sauberer. Die Straßen sind ruhiger. Tiere lassen sich wieder dort blicken, wo sie gerade sein möchten. Menschen halten mehr zusammen, unterstützen einander, ohne was dafür zu erwarten. Neue, interessante Ideen entstehen, und die Panik scheint auch schon langsam wieder in den meisten zu verstummen …

Naja, ok. So wirklich verstummt sind Angst und Panik nun doch noch nicht! Dieser unbekannte Virus sorgt für zahlreiche Herausforderungen, Neustrukturierungen und Veränderungen. Die Ungewissheit darüber, wie man Corona am schnellsten wieder von der Erde verbannt, wirft viele Fragen auf. Jede Menge Maßnahmen werden veranlasst. Keiner weiß genau, was er tun soll, und irgendwie herrscht ein regelrechtes Chaos. Daher womöglich auch diese weit verbreitete Angst.
 Interessanterweise hat dieses Virus mir persönlich von Beginn an keine Angst gemacht. Keine Ahnung, woran das liegt. Wenn andere mit Vollgas in Panik geraten, kehrt bei mir ganz von selbst

eine unvorstellbare Ruhe ein. Wenn andere schon zehnmal ausgetickt wären, atme ich noch ein zehntes Mal durch. In Akutsituationen denke ich nicht lange nach, sondern handle einfach. Ganz nach meiner Intuition. Umgekehrt jedoch war ich in meinem Leben schon öfter mal eine Angst- und Panikschieberin in Situationen, in denen andere aus Unverständnis dafür nur die Augenbraue hochzogen und den Kopf schüttelten. Tja, ich war eben schon immer etwas anders.;)

Chaos, Krieg, Ungewissheit, Veränderungen, Gewalteinflüsse, Krankheit ...
Alles Mögliche kann in einem selbst Angst hervorrufen. Doch manchmal wird es einfach echt Zeit, sich seiner tiefsten Angst zu stellen – ihr in die Augen zu sehen! Denn wenn wir mutig genug sind, ihr ins Angesicht zu blicken, kann sich etwas Neues offenbaren. Manchmal schafft man vielleicht einen Perspektivwechsel, der wiederum für Klarheit sorgt. Und manchmal braucht es Chaos und Veränderung, damit sich die Dinge neu ordnen können beziehungsweise eine bereits bestehende, nicht wahrgenommene Ordnung sichtbar werden kann.
Ist wie bei einem selbst. Da herrscht auch oft Chaos im Leben, doch wenn man mutig in sich hinein hört und dem ganzen Prozess vertraut, sortieren sich die einzelnen Puzzleteile plötzlich zu einem großartigen neuen Bild zusammen. Ein Bild, das man vorher einfach nur nicht wahrgenommen hat.

Somit: Wollen wir doch mal sehen, was es mit dieser Angst auf sich hat!
Ich hoffe nur, bei all der Beleuchtung kommt nicht zu viel „Scheiße" hoch! Wir haben doch Coronazeit. Und Klopapier ist im Moment echt zu einer Rarität geworden.;)

Die meisten, die diese Coronazeit gerade miterleben, werden wahrscheinlich wissen, was es mit dem Toilettenpapiermangel auf sich hat. Für alle, die es nicht wissen, hier eine kleine Aufklärung:

Nachdem dieser Virus bei uns in Österreich, und ziemlich zeitgleich bei unseren Nachbarn in Deutschland, eingetroffen war und man dem Ganzen nach einer Weile volle Aufmerksamkeit schenkte, hat die Regierung strikte Maßnahmen vorgesetzt, um die Verbreitung dieses Virus schnellst- und bestmöglich einzudämmen. In Österreich erfolgte das dann echt „rucki zucki", wie wir Ösis sagen würden. Und die Maßnahmen zeigen auch mittlerweile ihre Wirkung. Wie ich finde, nicht nur in einer Eindämmung der Virusausbreitung, sondern auch in einer starken Veränderung in den Menschen selbst. Wir werden sehen, wie lange diese Veränderungen anhalten, wenn Corona sich wieder verabschiedet.

Jedenfalls herrschte in den ersten Tagen, an denen diese neuen Maßnahmen gesetzt wurden, bei einigen Menschen Panik. Panik, nie wieder hinaus an die frische Luft gehen zu können und für alle Ewigkeit in ihren vier Wänden eingesperrt zu sein. Natürlich ist dem nicht so. Es gibt Einschränkungen und gewisse Ausgangssperren, aber deshalb darf man trotzdem noch raus aus seinem Haus. Nicht nur jene, die zur Arbeit fahren müssen. Auch um Besorgungen zu machen, Arztbesuche zu tätigen oder in Ruhe eine Runde in der freien Natur spazieren zu gehen.

Panik schaltet allerdings manchmal das einfache Denkvermögen aus. Darum war es nicht verwunderlich, dass gewisse Dinge in den Lebensmittelgeschäften mit einem Schlag ausverkauft waren. In den vergangenen Tagen habe ich mal gelesen, dass es in Frankreich Rotwein und Kondome sind, die sich zu einer Rarität in den Geschäften entwickelt haben. In Österreich und Deutschland liegen die Prioritäten allerdings woanders. Nämlich bei jener Sache, die man für beschissene Zeiten eben dringend braucht – Klopapier. Neben dem Toilettenpapier sind auch noch Teigwaren, im Speziellen Nudeln, den spontanen Hortungskäufen zum Opfer gefallen.

Dieses Panikkaufverhalten wurde rasch von jenen Menschen aufgegriffen, die sich die Zeit lieber mit Humor als mit Panikmache vertrieben. So entstanden recht lustige Sprüche, Bilder und ausgesprochen kreative Werke, in denen diese Klopapier-Nudel-Rarität zum Anlass genommen wurde. Mehr dazu später.;)

Jetzt geht es erst mal zu den Anfängen dieses Buches, zum Ursprung dieses Werkes. Es geht dorthin, wo alles begann. Also, auf in ein neues Abenteuer! Auf zu einer Reise in mein Innerstes und einer Begegnung mit mir selbst!

Los geht's …

INNENSCHAU

Diese Ungewissheit darüber,
was wir entdecken werden,
wenn wir nach innen schauen –
sie mag beängstigend erscheinen.

Doch wer den Mut fasst,
trotz Angst hinzusehen,
der öffnet sich selbst
für eine Entdeckungsreise,
auf der sich längst verborgene Schätze
offenbaren können.

Angstvoll

Das Leben ist wahrlich ein Geschenk.
Vollgepackt mit unzähligen Möglichkeiten.
Als wir dieses Überraschungspaket bei unserer Geburt erhielten,
wussten wir nicht, was alles darin verborgen sein würde.
Fest steht: Wir haben dieses Leben erhalten.
Die Frage ist nur: Nehmen wir dieses Geschenk auch an?
Und wenn ja – haben wir den Mut es auszupacken
und zu sehen, was sich darin verbirgt?

Heute geschah etwas ganz Eigenartiges. Inspiriert von der Malerei eines befreundeten Künstlers fühlte ich mich plötzlich dazu getrieben, etwas Unbekanntem Ausdruck zu verleihen. Da wollte etwas raus. Daher stellte ich mich vor eine leere Leinwand und begann einfach zu malen. Ich malte drauflos und ließ mich treiben von dem, was da kam. Wahrlich getrieben von der inneren Sehnsucht, etwas Ungesehenes nach außen zu bringen.

Farben kombinierten sich ganz von allein. Formen entstanden. Dieses Bild malte sich förmlich von selbst.

Dann betrachtete ich dieses fertige Kunstwerk – selbst verwundert und überrascht, was ich da auf dieser einst noch nackten Leinwand sah.

Es war ein Bild, das mich selbst sehr bewegte. Kraftvoll, intensiv, impulsiv, und zugleich irgendwie unheimlich, beängstigend. Ein Ausdruck dessen, was ich bisher nicht nach außen lassen konnte oder viel eher nicht wollte. Es zeigte mir, womit ich noch immer zu kämpfen habe. Ganz klar, ganz deutlich, auf dieser Leinwand, hatte ich wie aus dem Nichts auf einmal alles vor mir. Ich sah es. Ich sah diesen inneren Kampf, den ich schon mein ganzes Leben lang in mir trage. Es ist ein Kampf, der mich immer wieder so viel Kraft kostet. Ein Kampf, den ich dachte schon längst beendet zu haben ...

Doch an diesem heutigen Tage wird mir plötzlich bewusst: Das entspricht nicht der Wahrheit! Ich kämpfe noch immer, trage diese Angst noch immer in mir. Die Angst, nicht stark genug zu sein. Die Angst, diesen Kampf zu verlieren. Ja, ich habe wahrlich Angst. Angst zu leben!

Mag es Zufall sein, dass diese Angst gerade jetzt hervortritt? Sie erscheint in einer Zeit, in der die Welt stillzustehen scheint. Einer Zeit, in der ein Virus die ganze Welt in ein plötzliches Chaos treibt. Die Welt hält den Atem an und ich in diesem Moment ebenso.

Ich fühle diese Angst, diese Panik. Nicht wegen Corona selbst, sondern wegen dem, was sich mir in diesem Moment der Innenschau gerade zeigt.

Als das Bild fertig war, spürte ich auf einmal einen neuen Antrieb. Nicht wissend, warum oder wofür. Was ich jedoch ganz klar sah war: Es ist Zeit! Zeit zu schreiben! Meine innere Stimme rief laut und deutlich: „Jetzt! Jetzt ist es Zeit dafür!" Daher zögerte ich nicht lange, setzte mich hin und begann einfach Wort für Wort niederzuschreiben – selbst gespannt, was daraus wohl entstehen mag.

Welchen Sinn auch immer es hat, hier und heute mit diesem Buch zu beginnen – es geschieht im Leben nichts ohne Grund. Darum denke ich in diesem Moment nicht weiter darüber nach. Ich lasse mich treiben, folge meiner Intuition. Ich spüre einfach, dass es an der Zeit ist, die Wahrheit, meine Wahrheit, auszusprechen.

So lasse ich mein Herz nun sagen, was es zu erzählen hat ...

Die meisten Menschen haben Angst zu sterben. Sie wollen so viel, so intensiv und so lange wie möglich leben. Ich stattdessen hatte nie Angst vor dem Tod. Es ist viel mehr etwas, das mich manchmal aus dem Leben reißt, zu Boden drückt, als würde es nach mir greifen und mich zu sich ziehen. Diese gewisse Sehnsucht, dorthin zu gehen. Es macht mich wahnsinnig. Und es macht mir so unglaubliche Angst, dies immer und immer wieder zu fühlen.

Also ist es wohl an der Zeit, ehrlich zu sein und das zu zeigen, was mich schon mein Leben lang begleitet. Denn ich trage diesen Kampf seit nun bald 34 Jahren in mir. Keine Ahnung, ob er jemals ein Ende haben wird. Ich hoffe es zumindest! Vielleicht ändert es etwas, einfach mal mutig genug zu sein und darüber zu schreiben. Ehrlich zu sein. Auch wenn ich megamäßig Schiss davor habe.

Gestern entdeckte ich ein paar Worte, die zu mir Klartext sprachen. Zwei Zeilen, die mich womöglich darin bestärkt haben, den Mut zu fassen und trotz der Angst eine wichtige Entscheidung zu treffen.

Mut bedeutet nicht, keine Angst zu haben.
Mut ist die Entscheidung,
dass etwas anderes wichtiger ist als die Angst.
~ Ambrose Red Moon ~

Passend zu diesem Text befand sich ein Adler auf dem Bild. Ein Adler, der gerade mit seinen weit ausgebreiteten Flügeln elegant durch die Lüfte gleitet. Er wirkt entschlossen, stark, vollkommen in Vertrauen. Ein Adler, der in vielen Kulturen das Göttliche repräsentiert. Ein Adler als Botschafter des Himmels. Ein Adler, der Perspektivwechsel ermöglicht. Ein edler Begleiter, der auch für die Freiheit steht. Und ein Freund, der mir in diesem Augenblick sagt: „Es ist Zeit, dein Wesen nach außen zu tragen! Zeig, was in dir steckt! Sieh mit meinen Augen! Sieh dich selbst! Vollkommen, mit allem was du bist."

Im selben Moment zweifle ich. Ist das, was ich soeben wahrnehme, wirklich ein Teil meines Selbst? Gehört es zu mir, diesen Kampf ums Überleben ständig aufs Neue auszutragen? Wie kann etwas so erschreckend Negatives, Beängstigendes,

Erdrückendes ein Teil meiner wahren Persönlichkeit sein? Wie ist sowas möglich? Oder ist es vielleicht einfach nur mein eigener Irrtum? Trage ich es eventuell mit mir herum, weil ich im Glauben bin, ich könnte ohne das nicht leben? Warum stellt sich das Leben für mich ständig als Kampf dar? Glaube ich womöglich, ich würde ein Leben ohne diesen Kampf nicht verdienen?

Was auch immer es sein mag, das es mir so schwer macht, von diesem Kampf loszulassen – heute bitte ich dich, geliebter Adler, dies für mich in höhere Perspektiven zu tragen. Als Himmelsbote und Träger der reinen Wahrheit bitte ich dich um Klarheit und darum, die Wahrheit, vor der ich mich bisher verschlossen habe, zu erkennen. Zu sehen!

Es erscheint mir im Moment irgendwie sonderbar, es als Teil meines Wesens, meiner Persönlichkeit zu sehen. Wie kann dieses Hin- und Hergerissen-Sein zwischen Leben und Tod einfach ein Teil von mir sein? Was macht es für einen Sinn? Manchmal frage ich mich, ob es gar nicht allein meines ist. Ob ich womöglich von anderen etwas in mir mittrage ...

Gelegentlich erinnere ich mich an eine Situation, als ich sieben oder acht Jahre alt war. Keine Ahnung, ob ich schlecht geträumt hatte. Jedenfalls bin ich voll Panik und Angst aus meinem Bett hochgefahren, in die Küche zu meinen Eltern gelaufen und habe meinen Papa gebeten, mich festzuhalten. Ich habe ihn unter Tränen gebeten, meine Hände festzuhalten. Ganz fest ... weil ich mich sonst erwürgen würde.

Als wäre es heute, kann ich in diesem Moment noch immer spüren, wie sich dieser Drang, mir meine Hände um den Hals zu legen und zuzudrücken, angefühlt hat. Es war so erschreckend. So beängstigend. Mein Papa hat damals keine Fragen gestellt, sondern einfach gehandelt. Er nahm mich auf seinen Schoß und umschloss mich mit beiden Armen ganz fest. Meine Hände waren von seinen starken Armen quasi entwaffnet. Es dauerte einige Zeit, bis mich dieses Gefühl, dieser Drang wieder losließ. Wie dankbar ich doch noch immer bin, dass ich in diesem Moment meinen starken Papa an meiner Seite hatte.

Vor ein paar Jahren sprach ich dieses Erlebnis mal bei meinen Eltern an. Sie können sich beide nicht mehr daran erinnern. Das ist in Ordnung. Als ich sie damals gebraucht hatte, waren sie da. Das ist mehr als genug.

In der Pubertät holte mich diese Erinnerung oftmals wieder ein. Ich konnte einfach nicht begreifen, was da damals geschehen war. Wie kann ein Kind so abrupt ein solch unbändiges Bedürfnis danach haben, sich selbst zu erwürgen? Lange Zeit ließ mich dieses Erlebnis nicht los. Die Frage nach dem „Warum". Was um alles in der Welt war da vor sich gegangen?

Viele Jahre später, in einem Gespräch mit meiner Mutter, erfuhr ich plötzlich etwas, das ich sofort mit meinem damaligen Erlebnis in Verbindung brachte. Es war etwas, das mir mit einem Mal diese damalige Erfahrung irgendwie ein klein wenig erleichterte: Meine Urgroßmutter hatte sich selbst das Leben genommen. Ging aus dem Leben hinein ins Wasser, um in den Tod einzutauchen. Im selben Moment tauchten in mir jede Menge Fragen auf. Was, wenn es gar nicht mein eigenes Bedürfnis, mein eigener Drang gewesen war, mir das Leben zu nehmen? Was, wenn dies alles von jemand anderem kam? Jemandem, der auch einmal im selben Haus, in dem ich aufwuchs, gewohnte hatte. Jemandem, der vielleicht nie richtig sterben konnte, weil dieser Mensch gegen das Leben gehandelt hatte. Jemand wie meine Urgroßmutter.

Was also wäre, wenn jemand, der sich dazu entschließt, sich das Leben zu nehmen, noch nicht richtig sterben könnte? Was wäre, wenn so jemand nach seinem Tod eine Weile an das Leben in irgendeiner Weise gebunden bliebe, weil es für diesen Menschen doch noch gar nicht vorgesehen gewesen war zu sterben? Was, wenn das, was ich als Kind wahrgenommen hatte, einfach das Leid meiner Uroma war?

Ja, was wäre, wenn? Wäre es dann für mich einfacher zu akzeptieren, dass dieser Kampf und dieser Drang auch in mir noch immer ihr Unwesen treiben? Würde es etwas ändern? Ehrlich gesagt: Ich weiß es nicht.

Was ich allerdings weiß ist, dass ich mit diesem Kampf zwischen Leben und Tod nicht allein bin. Nein, damit bin ich definitiv nicht allein. Doch warum ist er da? Was will mir dieser Kampf, dieses Hin-und-Hergerissen-Sein sagen? Was vermag ich einfach nicht zu sehen?

Nach meinem zweiten Selbstmordversuch konnte ich die Frage „Warum haben Sie das gemacht?" nicht mehr hören. Ich war es leid, jedem eine Antwort liefern zu müssen. Eine Erklärung abzugeben, warum es so weit kam. Hätte ich sagen sollen „Ich weiß es selber nicht!"? Hätte ich sagen sollen „Manchmal kommt da so ein innerer Drang in mir hoch, mich selbst zu töten. Mir erscheint der Tod in diesem Moment attraktiver als der Schmerz und das Leid, das ich in jenem Moment gerade erfahre!"? Nein, ich hätte nie mit diesen Worten geantwortet, weil sie in den Augen der anderen keine plausible Erklärung für einen Selbstmordversuch darstellen.

So habe ich angefangen, alle möglichen tragischen Erlebnisse in meinem Leben aufzuzählen. Ich erzähle von all den schlimmen Taten, die mir widerfahren waren, von sexuellem Missbrauch, von Gewalt. Ich erzähle von einer schwierigen Beziehung zu meinen Eltern, von Momenten, in denen niemand mehr da war, Momente der Bestrafung, des Selbsthasses, des Nichtgenügens, des Nichts-Wert-Seins. Ich erzähle von allem, was es für mein Gegenüber einfacher machte, meine Handlung nachvollziehen zu können. Schließlich hatte ich all das doch auch so erlebt. Aber ist es wirklich eine Erklärung dafür, sich das Leben zu nehmen?

Aus heutiger Sicht sage ich: Nein, das ist es nicht! Dem Leben selbst kann ich keine Schuld geben. Ich kann dem Leben keine Schuld dafür geben, dass ich von Kindheit an damit kämpfe, auf dieser Welt und in diesem Leben zu bleiben. Vielmehr frage ich mich heute, ob ich nicht diese ganzen Erlebnisse unbewusst in mein Leben geholt habe, um für diesen unerklärlichen Kampf zwischen Leben und Tod eine plausible Erklärung zu haben.

Ein lieber Mensch, der mich im vergangenen Jahr für eine Weile auf meinem Lebensweg begleitete, nannte mich mal „The ticking bomb". Diese tickende Zeitbombe, bei der man nie weiß, wann sie explodiert – wann es aus ihr herausbricht. Es ist so wahr. Ich kann es manchmal einfach nicht kontrollieren. An manchen Tagen fühle ich mich echt gut und glücklich. Ich bin zufrieden mit meinem Leben, genieße den Moment. Und dann taucht plötzlich diese unbändige Angst auf, diese Panik.

Es ist für mich wie eine enorme Flut, die mich von einer Sekunde auf die andere überrollt. Ich hasse es, wenn sie kommt und mit voller Wucht auf mich einprallt. Manchmal sitze ich dann in meiner Wohnung am Boden, winde mich hin und her, versuche, diese Welle nicht Herr über mich werden zu lassen, wehre mich, weine, aus tiefstem Herzen, schreie. Mein ganzer Körper bebt, ich zittere, friere. Dann kauere ich wie ein Häufchen Elend da, die Beine angezogen und mit meinen Armen fest umschlungen. Ich wippe von rechts nach links, bis es irgendwann etwas leichter wird. Ich wiege mich selbst in Geborgenheit.

Seit einigen Jahren habe ich mir eine Strategie angeeignet, um aus diesem ganzen Drama wieder auszusteigen: Ich mache einen Perspektivwechsel.

Es ist, als würde ich meinen Körper in diesem Moment verlassen und von einer höheren Perspektive auf mich herabblicken. Ich betrachte die ganze Situation aus einem anderen Blickwinkel. Immer wenn ich das mache, entschärft es die Situation. Ich erkenne, dass es nicht so schlimm ist, wie ich es gerade vorhin wahrgenommen habe. Ich rede mit mir selbst. Ruhige, friedliche Worte, die mir ein Gefühl von Sicherheit schenken.

Manchmal versuche ich, das Ganze mit einem Funken Humor zu beruhigen. Zum Beispiel stelle ich mir vor, dass ich gerade auf einem Filmset bin. Wir drehen einen Horrorfilm, einen Psychothriller. Ich wurde gerade von jemandem attackiert. Er hat mir mit einem Messer in den Bauch gestochen, mich verletzt. Ich fühle den Schmerz. Schreie auf. Mein Gesicht vom Schmerz verzerrt.

Im nächsten Moment tritt der Filmregisseur in das Bild und schreit: „Cut!" Die Filmklappe schließt sich, ich erhebe mich vom

Boden. Der Regisseur sagt: „Das war echt eine grandiose Leistung. Sah richtig echt aus. Man konnte deinen Schmerz wahrlich sehen. Für heute ist es aber genug. Danke fürs Mitwirken!"

Tja, ich hätte wohl Schauspielerin werden sollen. Bei so einer überzeugenden Darbietung.;)

Das Filmteam verabschiedet sich wieder aus diesem Moment, und ich, ich trage ein Lächeln im Gesicht. Ein Lächeln, weil ich erkannt habe – es gibt einen Weg hinaus aus diesem Horrorszenario. Es gibt immer einen Weg.

Wir selbst können uns dafür entscheiden, in welche Richtung wir gehen. Es ist unser freier Wille. Ich muss nicht dort verweilen, wo ich kein Licht mehr erkennen kann. Ich kann diese Bombe einfach entschärfen und zünde stattdessen eine Kerze an. Ein friedvolles Licht, das alles neu beleuchtet, mir Hoffnung schenkt und den Glauben an mich selbst wahrhaftig stärkt.

Allerdings vergesse auch ich anscheinend noch manchmal, dass ich selbst die Macht dazu habe, mich in solchen Momenten aus dieser Horrorszene so rasch wie möglich wieder rauszuziehen. Manchmal scheint es mir eher wie eine Never Ending Story. Ich leide. Ja, ich leide wahnsinnig. Und dann? Was dann?

Überwindung

*„Du windest dich hin und her,
zwischen bleiben und gehen.
Wovor hast du Angst, geliebtes Kind?*

*Warum verschließt du deine Augen,
um das Licht nicht zu sehen?
Komm, Ich trag' dich!", flüstert der Wind.*

Viel größer als meine Angst zu leben, ist wohl die Angst davor, mich selbst zu sehen und dementsprechend auch zu zeigen. Anderen zu zeigen, was ich in manchen Momenten durchlebe. Es ist unglaublich, wie viel Überwindung es mich kostet, ehrlich zu anderen Menschen zu sein, wenn ich gerade eine Art „Überlebenskampf" durchmache. Es fällt mir so unglaublich schwer, dies offen zu zeigen. Mein Leben lang war ich immer der Meinung, ich müsste das irgendwie alleine auf die Reihe bekommen. Ich wollte nicht jemand anderen damit belasten. Es ist schließlich mein eigener Kampf. Und den sollte ich auch brav mit mir selbst austragen. Aus irgendeinem Grund mag ich es einfach nicht, wenn mich andere Menschen weinen sehen. Dauernd unterdrücke ich es, diese Angst anderen gegenüber zu zeigen. Im Laufe meines Lebens habe ich es mir angewöhnt, mich in meinen vier Wänden zu verbarrikadieren und es ganz alleine auszutragen. Ich wollte einfach nicht, dass jemand anderes dieses Leid sieht und vielleicht mitleidet. So führte die eine Angst zu einer anderen …

Nicht jeder Mensch ist so konzipiert, dass er mit so einem Verhalten, wie ich es manchmal an den Tag lege, klarkommt. Ich glaube, es macht anderen eher riesige Angst, so etwas zu sehen.

Und das ist vollkommen in Ordnung. Vielleicht will der andere es auch einfach gar nicht sehen, da es etwas hervorholen könnte, dass er oder sie selbst stets versucht zu unterdrücken. Vielleicht haben andere Menschen ebenso Angst, einem Teil von sich selbst zu begegnen, wie ich es habe.

Freunde und Familie sagen mir stets: „Melde dich, wenn du was brauchst!" Ich selbst habe es all die Jahre aber kaum übers Herz gebracht, diesen Schritt zu gehen. Man will doch nicht jemand anderen mit seinem eigenen Mist belasten. Im Gegenteil, man will, dass es den anderen gut geht.

Viel leichter fällt es mir im Gegensatz dazu, für andere da zu sein. Sie aufzufangen, ihnen Mut zu machen, sie zu bestärken. Umso absurder erscheint es mir in diesem Moment, dass ich mich selbst in diesem Punkt oft nicht überwinden konnte, jemandem entgegen zu gehen und mich selbst zu öffnen, wenn ich drohte, unterzugehen. Mit anderen teile ich irgendwie nur bestimmte Lebenserfahrungen. Ich teile mit ihnen, wie es mir in gewissen Situationen erging und was ich für mich verändert habe, um leichter damit zu leben. Doch diesen speziellen Moment – diesen Moment der absoluten Verletzlichkeit – diesen konnte ich bisher nicht zeigen.

Ich habe viele Jahre mit verschiedenen Psychotherapeuten und Ärzten darüber gesprochen. Wenn ich nicht gerade in diesem Moment war, war es irgendwie einfacher, darüber zu reden. Wer will sich schon in einem Moment größter Verletzlichkeit jemand anderem öffnen? Es ist beängstigend. Man fühlt sich nackt.

Und anstatt sich zu zeigen, zieht man sich zurück. Man baut Mauern um sich herum auf, damit nichts weiter auf einen einprallen kann. Man hat kein Vertrauen, dass es vielleicht auch ganz anders ausgehen könnte.

Jedoch, wer weiß? Es könnte ja genauso gut passieren, dass dich jemand wahrlich sieht. Deinen Schmerz sieht. Das Ganze mit Mitgefühl und Herz wahrnimmt, es einfach da sein lässt. Und nicht gezwungenermaßen dies ausnutzt, um dich im Moment deiner größten Schwäche anzugreifen. Es könnte geschehen, dass jemand anderes dich in diesem Moment sieht, dem Ganzen Raum gibt, dir zu verstehen gibt: „Es ist ok!" Und es sich plötzlich für einen selbst einen Hauch leichter anfühlt.

Wenn ich heute etwas Zeit für mich brauche, um mir Ruhe zu gönnen, in mich zu kehren, um danach mit neuer Kraft aus mir heraus zu kommen, dann fällt es mir oft selbst noch schwer, mir dies einfach zu erlauben. Aus irgendeinem Grund bin ich wohl der Meinung, dass sich die Welt ohne mich nicht mehr weiterdreht. Haha. Es kostet mich echt Überwindung, mir einzugestehen, dass auch ich immer wieder Pausen brauche. Zeit für mich selbst. Ohne jegliche Einwirkung von außen. Es hat lange gedauert zu begreifen, dass ich eigentlich gar keine große Hilfe für die Welt bin, wenn ich nicht genügend auf mich selbst achte. Mich selbst und meine Regenerationszeiten respektiere.

Irgendwie kam da in mir stets so ein Gefühl der Wertlosigkeit hoch. „Wenn ich jetzt mal ‚nur' für mich selbst da bin, dann ist das egoistisch. Wenn ich mich jetzt mal ‚nur' um mich selbst kümmere, dann bin ich hier auf der Welt fehl am Platz." Diese Gedankengänge haben mich immer und immer wieder begleitet.

Heute jedoch bin ich an einem Punkt, an dem ich erkennen darf: Es entspricht nicht der Wahrheit! Niemand kann sein Leben lang all seine Energie nur anderen schenken. Wo bleibt denn da die Energie und Kraft für einen selbst, um weiterzumachen? Wenn ich nur nach außen gebe und mich selbst davor verschließe etwas zu empfangen – wie um alles in der Welt kann man dann selbst leben? Es wird nicht möglich sein.

Je mehr ich mich mit mir selbst auseinandergesetzt hatte, umso mehr begann ich zu verstehen, wie dieses Empfinden der Wertlosigkeit mein Leben bestimmt hat. Stets war ich getrieben, anderen zu geben, für andere da zu sein. So sehr, dass ich mich selbst aus den Augen verloren hatte.

Mein Leben lang hatte ich immer diesen Antrieb, ein Licht für andere zu sein. Mir lagen andere Menschen stets mehr am Herzen als ich selbst. Andere erschienen mir einfach so wertvoll, so großartig. Ich stattdessen fühlte mich leer. Ohne Wert, oder vielleicht einfach nur dann wertvoll, wenn ich etwas für andere tat.

Sogar während meiner Aufenthalte in der psychiatrischen Abteilung konnte ich Hilfe nicht so wirklich annehmen. Was ich suchte, war Hilfe. Aber all die Hilfe, die mir dort angeboten wurde, konnte ich nicht wirklich annehmen. Stattdessen versuchte ich abermals, für andere da zu sein. Andere, die ebenso litten. Anderen, die ebenso zerbrochen waren, zu helfen, die Scherben wieder zusammenzusammeln und sie aufzubauen.

Ich erinnere mich an die Mutter einer jungen Patientin, die mich damals fragte, warum ich eigentlich hier sei. Sie meinte, ich sei so ein Sonnenschein. „Was macht ein Sonnenschein an so einem Ort wie diesem?" Tja, was hatte ich denn tatsächlich dort zu suchen?

Ich fand viele gequälte Seelen, viele Baustellen, die Hilfe, Empathie und Verständnis benötigten. Ich fand eine Aufgabe. Stürzte mich mit voller Hingabe hinein und tat das, was ich sonst auch immer tat – ich vergaß mich selbst dabei. Ein immer wiederkehrender Kreislauf, aus dem ich irgendwie nicht aussteigen konnte bzw. vielleicht gar nicht wollte. Aus dem einfachen Grund, weil es mir etwas gab, das ich mir selbst nicht zu geben vermochte: Es schenkte mir einen Grundwert. Es gab mir ein gutes Gefühl, gebraucht zu werden. Es wandelte eine Art Sinnlosigkeit in eine Art Sinnhaftigkeit um. Ja, ich war mir sicher: So war ich auch etwas wert! Ich war plötzlich wertvoll. Es pushte mich sogar in einer Art und Weise so weit, dass ich ziemlich rasch wieder zu Kräften kam, mich aus meinem eigenen tiefen Loch rausholte und ich nach kurzer Zeit die psychiatrische Abteilung wieder verlassen konnte.

Was ich allerdings all die Jahre nicht gesehen hatte – ich machte mich mit meiner helfenden Ader von anderen abhängig. Ich machte meinen eigenen Wert davon abhängig, wie viel ich für andere tat. Wenn ich gebraucht wurde und für andere etwas tun konnte, dann war ich es auch wert, hier zu sein. Dann war ich es wert zu leben. Dann hatte das Leben einen Sinn.

Jedoch, in all der Stille, in die ich dieser Tage eintauche, erkenne ich: Es ist nicht wahr! Es entspricht nicht der Wahrheit! Vielmehr ist es eine große Lüge, die ich mein Leben lang gelebt habe. Ich habe mich selbst belogen! Es gibt sogar ein Wort für dieses Verhalten, für diese Art, seinen eigenen Wert von anderen abhängig zu machen. Es nennt sich „Co-Abhängigkeit".

Diese Co-Abhängigkeit wird in enge Verbindung mit Süchten gestellt. So war es für mich vielleicht immer eine Sucht, anderen zu helfen. Eine Sucht, die meinen Selbstwert befriedigte. Eine Sucht, die meine Suche nach dem Sinn meines Lebens stillte. Etwas womöglich sogar krankhaft Gelebtes. Und definitiv etwas, von dem ich mich hier und jetzt gerne verabschiede.;)

Viel mehr als eine gute Tat erscheint es mir in Anbetracht dieser gelebten Co-Abhängigkeit doch eher als regelrechter Egoismus, was ich da gelebt habe. Ist es nicht viel eher egoistisch, die Hilfsbedürftigkeit anderer dazu zu benutzen, um seine eigene Hilflosigkeit zu kompensieren?

Na, sieh mal einer an. Da kommen ja ganz überraschend neue Erkenntnisse zu Tage. Neue Sichtweisen. Was da alles so zum Vorschein kommt. Haha. Ganz unerwartet und für mich in diesem Moment eine enorme Befreiung. Dies heute hier zu sehen, ist wie ein Geschenk des Himmels.

Das Schöne im Leben ist, dass es oft schon genügt, etwas einfach zu sehen – hinzusehen, zu erkennen, wahrzunehmen. Es bedarf gar nicht immer langer Aufarbeitungsprozesse und einer Zerlegung des Ganzen. Das Einzige, dessen es bedarf, ist der Mut, sich selbst dazu zu überwinden hinzusehen.

Es ist wie in diesem Bild, das ich gemalt habe. Das, was gesehen werden wollte, schaute mit gezieltem Blick direkt auf mich. Doch meine innere Angst hat mich zurückgehalten. Sie hat mir die Augen verschlossen. Bis heute. Bis jetzt …

Beziehungsweise

*Was sich im Außen wiederspiegelt
ist nur deine eigene Sichtweise.
Wenn dir nicht gefällt, was du siehst,
erlaube dir eine Veränderung
in der Beziehung zu dir selbst.*

Die Beziehung zu sich selbst zu verändern, mag recht simpel erscheinen. Im Grunde genommen ist es das auch. Es ist einfach. Es bedarf nur des eigenen Mutes zur Veränderung. Dafür müssen wir oft gar nicht unzählige Bücher studieren, Selbsterkenntnisseminare besuchen, zahlreiche Übungen zur Erkennung des wahren Selbst durchführen oder sonstige große Arbeit an uns vornehmen. Manchmal genügt es, einfach etwas anders zu machen. Meist schickt das Universum uns hierfür die passenden Möglichkeiten. Etwas, das es uns erlaubt, uns selbst zu entdecken, zu erkennen was in uns liegt, um unsere Sicht auf das Leben zu verändern.

Seit kurzem darf ich selbst diese Möglichkeit hautnah erfahren. Das Universum hat jemanden in mein Leben geschickt, durch den ich genau diesen Wandel in der Beziehung zu mir selbst erfahren darf. In diesem Punkt ist das Universum, muss ich mir eingestehen, ziemlich kreativ. So hätte ich in 100 Jahren nicht geglaubt, oder besser gesagt „erwartet", dass ein so scheinbar lächerlicher Post auf Tinder das Interesse eines ganz speziellen Menschen weckt. Ich meine, unter uns gesagt, ich bin nie ein Tinder-Fan gewesen. Empfand es stets als zu oberflächlich, um es überhaupt für möglich zu erachten, dass sich daraus auch etwas Tiefergehendes entwickeln könnte. Trotzdem war ich neugierig, hatte mir vor einigen Monaten bereits mal Tinder angeguckt, für nicht gut genug befunden und meinen Account nach heißen 24 Stunden wieder gelöscht. (Irgendwie erinnert mich das Ganze gerade an meine bisherigen Schriftwerke, die auch dem gleichen Vorgang unterlegen sind.) Alles, was ich von außen so gehört hatte, von Menschen, die sich über Tinder gefunden haben und jetzt in einer großartigen Beziehung leben – ich konnte das nicht so ganz glauben, hab nur darüber geschmunzelt. Dann passierte Folgendes …

Corona trat in unsere Welt, und mit diesem großen Unbekannten auch sehr sonderbare Dinge. Menschen horteten massenweise Toilettenpapier zu Hause, um für beschissene Zeiten gewappnet zu sein. Lebensmittel waren von einem Moment auf den anderen ausverkauft. Leere Regale säumten die Läden der Kaufhäuser. Klopapier und Nudeln waren mit einem Schlag Mangelware. Ein eigenartiges Erlebnis, was da in der Welt passierte.

In all dem Chaos machten allerdings immer wieder sehr humorvolle situationsbezogene Postings die Runde. Unter anderem fiel mir ein Spruch in die Hände, der mein komplettes Leben umkrempelte. Ein ausgesprochen „geistreicher" Spruch. Richtig „poetisch". So und jetzt kommt's!

Achtung! Trommelwirbel bitte! Dieser Spruch lautete:

> Frau mit Klopapier
> sucht Mann mit Nudel.

Wow, oder? Ein phänomenaler Spruch zur Lage der Nation. So vielsagend. So echt. Haha.

Was mir bis dato nicht bewusst gewesen war, ist, dass es für mich anscheinend wirklich der Wahrheit entsprach. Also nicht konkret auf das Klopapier und die Nudel bezogen, aber unbewusst in all dem Chaos suchte ich wohl nach etwas. Ich war auf der Suche. Doch wonach?

In mir kam plötzlich so ein unbändiger Drang hoch. Impulsiv und entschlossen. Ich musste was tun. Dieses feurige Wesen in mir – es war auf der Suche und lauerte bereits auf ein neues Abenteuer.

Als eine im Sternzeichen Jungfrau Geborene mag es vielleicht nicht verwunderlich erscheinen, dass ich grundsätzlich lieber mit dem Sand als mit dem Feuer spiele. Das Element der Jungfrau ist schließlich die Erde. So sollte man meinen, dass dieses Jungfrau-Wesen stets gut und stabil mit beiden Beinen im Leben steht. Tja, möchte man meinen. Doch erstens kommt es anders und zweitens als man denkt! ;)

Denn gerade dann, wenn ich der Meinung bin „Jetzt kann mich nichts und niemand aus der Ruhe bringen!" kommt völlig überraschend mein feuriger Freund und Aszendent „der Löwe" ins Spiel. Dieser Geselle springt oft wie aus dem Nichts aus seinem Versteck hervor und schmeißt mir mein geerdetes Wesen ganz schön übern Haufen. Mit lautem Gebrüll steht er plötzlich da. Entschlossen, stark. Dann heißt es: „Jetzt ist Action angesagt, Baby!"

Was dieser unbändige Löwe mit seinem Element Feuer in mir jedoch bewirkt, ist oftmals etwas Großartiges. Ab und an überkommt mich ein so dermaßen impulsiver Antrieb, etwas zu tun. Da springt plötzlich eine Idee aus dem Nichts hervor, und ich finde es absolut genial. Fühle mich angespornt und stark und voller Begeisterung, diese Idee jetzt auch umzusetzen. Sobald dieser Impuls in mir wahrgenommen wird, schaltet sich allerdings erst mal mein bedachtes Sternzeichen ein.

„Willst du nicht lieber nochmal darüber nachdenken?", fragt die Jungfrau sachte.

„Das kannst du doch nicht machen? Das ist verrückt!", spricht da die verängstigte Unsicherheit in mir.

Doch der Löwe brüllt: „Und wie ich das kann! Du wirst schon sehen! Komm, wir machen das jetzt einfach!"

Der Verstand schaltet sich ein und fragt: „Wozu? Das ist einfach nur verrückt. Was soll das bringen?"

Bevor ich dieser niemals enden wollenden Diskussion länger folge, folge ich letztendlich lieber diesem starken Tun des Löwen und wage den Sprung. Meine Erfahrung sagt mir: Es bringt immer was. Es bringt eine enorme Begeisterung mit sich, etwas Aufregendes, Spannendes. Dieses Nicht-zu-wissen-was-passieren-Wird. Diese freudige Unwissenheit, was sich hinter diesem Impuls verbergen mag – purer Nervenkitzel.

Menschen machen die waghalsigsten Dinge im Leben, um einen Nervenkitzel zu spüren. Ich selbst brauche dazu nicht an einen seidenen Faden gebunden von einem Hochhaus zu springen. Nein, ich brauche einfach nur meinem Impuls zu folgen und mich auf diesen Impuls einlassen. Nicht ahnend, welche Überraschung da auf mich wartet. Ich mache es einfach. So simpel kann es sein.;)

Auch in Coronazeiten hat mich diese Flamme des Löwen wieder mal radikal geküsst. Da erhält man einen dieser lustigen Sprüche bezüglich Klopapier und Nudel, und schon kam mir eine Idee. „Mit diesem Spruch geh ich jetzt auf Tinder. Schick ihn mal in die Welt hinaus und lasse mich überraschen was da alles so zurückkommen mag." Rasch erstellte ich einen Tinder-Account und postete den Spruch *„Frau mit Klopapier sucht Mann mit Nudel".* *bamm* Und draußen war diese verrückte Idee ...

Da saß ich nun, mit meinem Handy in der Hand und diesem sonderbaren Tinderprofil. Lächelnd. Freudig wartend, was da auf mich zukommen würde. Ich starre auf das Display und wartete.

Tja, leider hatte ich im ersten Moment total vergessen, wie dieses Tinder eigentlich funktioniert. Ich darf Likes vergeben, und wenn sich zwei Menschen liken gibt's einen Match. Dann kann man miteinander schreiben. Also blieb mir wohl nichts anderes übrig, als mich durch diesen Sumpf voller Testosteron zu wühlen und meine Likes zu verteilen.

Das Schöne, wenn man etwas aus reiner Begeisterung macht, ist – es fühlt sich so leicht an. Man hat keine Erwartungen oder macht sich großartig Gedanken darüber, was sein soll. In jenen Momenten schaffe ich es für mich selbst, diese Art von „situationsbezogenem Kontrollfreak" in mir abzugeben. Ich tu es einfach und freue mich auf das, was kommt.

Wer nicht gerade von Selbstvertrauen überschüttet ist, macht sich das Leben manchmal recht schwer. Fehlt das Vertrauen in einen selbst, fehlt das Vertrauen in das Leben. Es fehlt Vertrauen in das Universum und in das, was einen überraschenderweise finden mag. In meinem Fall öffnete mir diese verrückte, unerklärliche, impulsive, vertrauensvolle Handlung neue Türen. Sogar eine neue Welt. Denn durch diese Tür, die ich in dem einen Moment des vertrauensvollen Handelns aufgestoßen hatte, trat etwas so Unglaubliches hervor. Man möchte es kaum glauben. ;)

Die Reaktionen auf diesen völlig absurden Spruch erstaunten mich sehr. Da poppte ein Match nach dem anderen auf. Es verblüffte mich, dass ein Profil, in dem kein Foto von mir zu sehen war, stattdessen nur dieser eine Satz, so eine starke Resonanz fand. Aus dieser humorvollen Laune heraus fing ich dann auch an, mit einigen dieser Kontakte zu schreiben. Tja, und wundersamer Weise ergab sich mit einem dieser Kontakte dann eine Unterhaltung von ganzen sechseinhalb Stunden.

Was um alles in der Welt war denn da geschehen? Es war so leicht, sich mit ihm zu unterhalten. Unser Austausch war von jeder Menge Lachen und Spaß gezeichnet. Diese Leichtigkeit. Ich habe es so von Herzen genossen. Ein wunderbarer Moment, oder eher wunderbare Stunden. So etwas hatte ich selten erlebt. Ich war zu tiefst begeistert. Ein so verrückter Spruch, der eine großartige Unterhaltung hervorbrachte.

Einen Tag später löschte ich meinen Tinder-Account wieder und das war's dann auch ...

Haha, nein! Nicht wirklich. Also meinen Account habe ich schon gelöscht, aber dieser neue Kontakt ist mir geblieben. Wir haben Nummern ausgetauscht und die Unterhaltung einfach auf WhatsApp verlegt.

Da stand ich nun, abgeschirmt von der Außenwelt, verbarrikadiert in meiner Wohnung, in Coronazeiten, und fragte das Universum, was das denn für ein bescheuerter Zeitpunkt sei, mir gerade jetzt einen vollkommen neuen Kontakt zu schicken. Mal ehrlich: Das ist doch wohl der beschissenste Zeitpunkt, um jemanden kennenzulernen. Oder etwa doch nicht? Halb so wild, dachte ich mir. Auch wenn der Zeitpunkt noch so beschissen erscheint – ich habe genügend Klopapier daheim.

Was danach auf mich zukam, hätte ich nie geglaubt. Nie um alles in der Welt hätte ich es damals für möglich gehalten, dass sich durch diese neue Begegnung ganz viel in mir öffnen würde. Dass genau diese neue Tinder-Begegnung mir die Möglichkeit bieten würde, mir selbst wahrlich zu begegnen.

Allerdings beeinträchtigte meine wohl bis dato noch etwas gestörte Beziehung zu mir selbst diese Momente des Näherkommens. Ist auch nicht verwunderlich. Wenn du dir selbst nicht vollkommen begegnen willst, wie kannst du dann jemand anderem aufgeschlossen begegnen?

Meine Co-Abhängigkeit prägte ständig meine bisherigen Partnerschaften. Sie beeinflusste alles. Jede Art von Beziehung, zu wem auch immer. In vergangenen Partnerschaften hatte diese Abhängigkeit dazu geführt, dass ich stets das Gefühl hatte, ich müsste etwas im Leben meines Partners verändern, etwas in ihm reparieren. Ich müsste ihm etwas aufzeigen. Ich müsste ihm helfen, sein Leben auf die Reihe zu bekommen. In Wahrheit wurde ich gar nicht darum gebeten. Es war rein meine eigene Wahrnehmung. Die alte Bastlerin in mir hatte wohl ihre eigene Bastelleidenschaft auf ihr Gegenüber bezogen.;) Wenn mal etwas Frieden eingekehrt war, dann war es mir anscheinend zu ruhig. Das nächste Drama entstand.

Es gab einige Beziehungen, die zum Ende hin total eskalierten. Nein, es war nicht schön, was da passierte. Es war schmerzvoll, wuterfüllt. Es zerstörte alles. Es zerstörte mich. Ich zerstörte mich selbst.

Denn als die Beziehung dann zerbrach, kamen die Schuldgefühle. Vorwürfe entstanden. Anfangs projizierte ich diese Vorwürfe auf meinen Ex-Partner. Eine Weile danach lagerte ich das Ganze auf mich selbst um. Irgendwann später habe ich mich einfach gehasst, weil ich mir selbst die Schuld daran gab, dies alles überhaupt erst hervorgerufen zu haben.

Ich hätte auch einfach loslassen und akzeptieren können, dass diese Beziehung nicht für ein Leben lang bestimmt war. Ich hätte akzeptieren können, dass es vielleicht sehr wohl etwas verändert hatte.

Doch was ich sah, war eine Frau, die nur Chaos fabrizierte. Eine riesengroße Katastrophe, die dauernd versuchte, alles und jede Situation zu kontrollieren. Die sich selbst so abhängig von anderen machte, um das eigene Leben überhaupt annehmen zu können. Eine Frau, die sich selbst stets so klein machte, dass sie nicht dazu in der Lage war, über den Tellerrand zu blicken. Eine Frau, die es hasste, diese Angst vor dem Leben in sich zu tragen. Eine Frau, die nicht sein wollte, wie sie eben war. Eine Frau, die sich selbst nicht sah.

Was ich sah, war immer nur ein Teil des Ganzen. Es war aber nicht alles. Manchem traute ich mich einfach nicht in die Augen zu sehen. Auch all die Angst, die ich mein Leben lang in mir getragen habe. Ich habe sie nie wirklich wahrgenommen. Ich konnte oder wollte sie nicht sehen. Klar. Ich hatte ja Angst davor. Und wenn man Angst vor der Angst hat, kann das oft ganz schön beängstigend sein.

Doch vor Beginn dieses Buches hat sich in einem kurzen Augenblick etwas geändert. In mir hat sich etwas verändert. Denn mich überkam ein unbändiges Gefühl, ein sehr kraftvoller Antrieb, dieser Angst Ausdruck zu verleihen. Ihr die Möglichkeit zu schenken, gesehen zu werden. Die Malerei, die diesem Buch vorausging, wirkte im ersten Moment irgendwie unheimlich und beängstigend. Richtig gruselig. Je länger ich sie allerdings betrachtete, umso mehr verlor sie diese Wirkung auf mich. Diese Angst so klar und deutlich zu sehen – da erschien sie mir plötzlich gar nicht mehr so beängstigend.

Durch das Malen habe ich sie willkommen geheißen. Es ihr erlaubt, da zu sein. Ohne jegliche Bewertung. Ohne jegliche Verurteilung. Einfach sein lassen.

Manche Anteile in uns mögen unheimlich erscheinen, beängstigend wirken. Wenn wir sie allerdings einfach sein lassen und sie mal von einer anderen Perspektive aus betrachten, kann sich unsere Wahrnehmung wandeln. Und wer weiß? Vielleicht wird dadurch vollkommen unerwartet die strahlende Schönheit in uns selbst sichtbar.

Als ich meiner neugewonnenen Bekanntschaft nach einer Weile Fotos von mir geschickt habe, wirkte er gewissermaßen überwältigt von dem, was er sah. Ich weiß gar nicht, wie oft er erwähnt hat, wie schön ich bin. Im ersten Moment wusste ich damit gar nichts anzufangen. Seine Begeisterung für das, was er in diesem Moment sah, konnte ich nicht wirklich nachvollziehen.

In unseren weiteren Begegnungen fiel es mir immer wieder schwer, mich ganz zu zeigen. Alle Anteile meines Selbst. Er kannte meine humorvolle, lustige Seite. Er wusste, wie ich äußerlich aussah. Er traf auf meine tiefgründige Seite. Ich zeigte ihm all das, was ich an mir selbst in Ordnung fand. Doch es war nicht alles.

Und gerade in dem Moment, in dem diese Begegnung intimer und tiefergehender wurde, da schoss mit einem Male diese verdammte Angst in mir hoch. Diese Verletzbarkeit, diese Zerbrechlichkeit. Wie aus dem Nichts war dieses Gefühl plötzlich da. Ich hätte mich am liebsten irgendwo versteckt, wäre weggerannt. Doch wo sollte ich hin? In Coronazeiten? Wohin sollte ich da noch fliehen?

Irgendwie wollte ein Teil von mir auch gar nicht mehr weg. Ich wollte endlich den Mut aufbringen, mich GANZ zu zeigen. Nichts mehr zu verbergen. Nichts mehr zu verstecken. Sondern mich stattdessen zu offenbaren – mit all meinen Facetten.

So saß ich schlussendlich da, in einer Begegnung mit ihm.
Zusammengekauert und weinend.
Nackt und verletzlich.
Verängstigt und beschämt.
Wie hässlich ich mich selbst wahrnahm.
Wie abstoßend. Wie wertlos.
Ein grauenvoller Moment.
Und doch ließ ich es einfach geschehen.
In diesem Moment durfte es da sein – er durfte es sehen.

Mitteilung

Auch wenn du denkst, es sei nicht der Rede wert,
teile mit, was dir auf dem Herzen liegt!
Das Universum hört dich!

Redselig oder ruhig? In sich gekehrt oder eine große Plaudertasche? Manche reden viel, ohne jemals was zu sagen. Andere sprechen mit Bedacht. Und wieder andere sagen kaum ein Wort und doch erzählen sie Bände.

Als Kind konnte ich manchmal eine richtige Quasselstrippe sein. Wenn ich vom Kindergarten oder der Schule nach Hause kam und mich an den Küchentisch setzte, hatte ich immer ganz viel zu erzählen. Meine Mama war immer up to date, was mein bisheriges Tagesgeschehen betraf. Es gab eben auch so unglaublich viele spannende Momente, die ich bis zur Mittagszeit bereits erlebt hatte.

Am Wochenende, wenn die ganze Familie beisammensaß, habe ich auch gerne geredet. Ich mochte es einfach zu plaudern. Ich mochte es, mich mitzuteilen. Ich mochte es zu erzählen. Ebenso, wie ich es liebte zu blödeln.

Mit meiner Familie und meinen Freunden sprach ich auch, wenn mich etwas bedrückte. Meine Oma war da stets eine tolle Anlaufstelle. In meiner Kindheit fiel es mir irgendwie leichter, mich auch in schwierigen Momenten auszudrücken und mitzuteilen. Wirklich still war ich dann, wenn ich etwas schuf. In Momenten, in denen ich kreativ war. Zum Beispiel beim Malen, beim Schreiben, beim Spielen, beim Musizieren, beim Basteln, beim Hämmern und Sägen, beim Tätowieren meiner Puppen, beim Kleidung-Kreieren, beim Eintauchen in meine ganz eigene phantastische Welt. Da war ich ruhig. In mich gekehrt. Ganz bei mir. Mit mir und meiner bunten Welt allein.

Rückwirkend betrachtet, ist es wahrlich interessant, wie sich die Dinge verändern. Wie sehr man sich selbst verändert. Zumindest in manchem.

Heute erzähle ich auch noch gerne. Vorwiegend von Erlebnissen, die aufregend, spannend, interessant, magisch und nahezu unbeschreiblich großartig waren. Von den weniger erfreulichen Erlebnissen erzähle ich nur dann, wenn es die Situation gerade erfordert. Wenn ich mit jemandem im Gespräch bin und ich weiß, es ist jetzt hilfreich für den anderen, darüber zu sprechen. Doch in den Momenten selbst, in denen es mir richtig mies geht, spreche ich kaum mit jemandem darüber.

Seit ich das Schreiben für mich entdeckt habe, nutze ich diese Möglichkeit, um mich auszudrücken. Manchmal schreibe ich stundenlang. Über alles, das mich gerade beschäftigt. Über Sorgen, über Ängste, über Erlebnisse, die ich noch nicht verarbeiten konnte. Einfach schreiben. Schreiben – allerdings nur für mich selbst. Was ich da schreibe, zeige ich nur, wenn es etwas erfreulich Bewegendes ist. Dann schon. Die traurigen Sachen behalte ich für mich. Oft lösche ich das Geschriebene irgendwann wieder. Wenn ich es ausgedruckt habe, wird es irgendwann einmal verbrannt oder zerkleinert und weggeworfen. Es soll niemand sehen, was da geschrieben steht. Es macht traurig, bedrückt, bestürzt. Ich will doch nicht, dass jemand wegen dem, was ich einfach gerade fühle, traurig wird. Ich will doch niemanden damit belasten.

Seit vergangenem Jahr gibt es allerdings jemanden, der meine Tränen sehen darf. Dem ich alles erzähle. Er kam aus Deutschland angereist. Verpackt in einer riesengroßen Schachtel. Einen halben Meter groß, weiß, und mega flauschig. :) Ich habe ihn damals aus dieser Schachtel gehoben, und er lächelte mich einfach an. Als wollte er mir sagen: „Wie schön, endlich hier zu sein." Ich hatte Tränen in den Augen, als ich ihn an mich drückte.

Es mag vielleicht etwas sonderbar erscheinen, dass sich eine 33-jährige Frau von Herzen über ein Stoffwesen freut. Für mich ist es jedoch gar nicht sonderbar. Er ist nicht einfach ein Stoffwesen. Er heißt Sam, ist mein Mitbewohner und mein bester Freund. Und ich liebe dieses kleine Kerlchen einfach.

Sam ermöglicht mir etwas, das ich mir selbst bis dahin nicht ermöglicht hatte. Bei ihm kann ich mich zeigen. Da ist plötzlich jemand, vor dem ich mich nicht mehr schäme zu weinen. Vor dem ich auch immer mal wieder schimpfe oder wütend bin. Dem ich die Ohren vollquassle, Tag ein, Tag aus. Obwohl, er hat ja gar keine Ohren. Wahrscheinlich ist er deshalb ein so guter Zuhörer. ;)

Seitdem Sam da ist, verstehe ich Kinder mit ihren Lieblingsstofftieren nur zu gut. Die Kinder machen dasselbe wie ich: Sie hauchen dem Ganzen Leben ein. Das ist nicht nur irgendein zusammengenähtes Ding aus Stoff. Das ist so viel mehr. Diese kleinen Wesen können alles sein, was dem Kind, oder in meinem Fall auch mir selbst, gerade fehlt. Man kann ihnen alles sagen …

Sie hören dir zu, auch wenn du nichts laut sagst.
Es ist für sie nicht wichtig, womit du gerade zu kämpfen hast, denn sie sehen einfach deinen Schmerz.
Sie kritisieren dich nicht, wie du damit umgehst.
Sie werden nicht wütend, wenn du weinst,
sondern lassen es einfach geschehen.
Sie bleiben,
auch wenn du ihnen kein Lächeln schenken kannst.
Stattdessen schenken sie dir ihres.
Manchmal fangen sie einfach stillschweigend deine Tränen auf, und das ist alles, was es in diesem Moment braucht.

Sam wurde mir damals von einem lieben Freund geschickt. Einem Freund, der für mich über die Zeit zu einem Bruder geworden ist.

Als Sam bei mir war und ich mich bei meinem „Bruderherz" dafür bedankte, sagte er nur: „Falls du mal wieder an dir selbst zweifelst!" Ach ja? Zweifelte ich tatsächlich so oft an mir selbst?

Ich stellte mir diese Frage ganz bewusst, und in diesem Moment fühlte ich mich ertappt. Er hatte vollkommen recht. Es gab bisher wenige Momente in meinem Leben, in denen ich nicht an mir selbst zweifelte. Mir kam es plötzlich vor, als würde er mich klarer sehen als ich mich selbst. Doch warum sah ich mich nicht? Warum hatte ich ständig Angst, hinzusehen? Wovor hatte ich wirklich Angst?

Mittlerweile zweifle ich vielleicht etwas weniger an mir selbst. Zumindest, wenn Zweifel aufkommen, sehe ich Sam an, und er sagt mir: „Alles ist gut!" Darum ist für mich nun wohl auch der Zeitpunkt gekommen, an dem ich lernen darf, mich nicht nur Sam gegenüber zu zeigen. Das Universum schickte mir hierfür einen liebenswerten Menschen in mein Leben. Und das über Tinder. Haha.

Bei unseren Begegnungen spürte er es einfach, wenn etwas in mir vorging. Jedes Mal fragte er mich, was los sei. Anfangs zögerte ich meist noch. Dann ermutigte er mich, es einfach auszusprechen. „Lass es einfach raus!" Diese Worte habe ich in den vergangenen Tagen öfter gehört als sonst irgendetwas. Und nach und nach lerne ich, das auch zu tun. Ich sage einfach, was mir auf dem Herzen liegt. Ich spreche es einfach aus. Wenn mich Tränen quälen, zeige ich sie. Herrgott, ich glaube ich habe noch nie so viel während einer Begegnung mit einem Menschen geheult, wie bei ihm zurzeit. Es ist für mich absolutes Neuland. Manchmal irgendwie holprig. Als würde ich gerade erst gehen lernen.

Das Gute daran ist – es entspricht der Wahrheit. Meiner Wahrheit, welche ich endlich mutig genug bin zu zeigen. Zumindest ihm gegenüber. Er macht es mir leicht. Als würde er meinen Schmerz und meine Angst verstehen. Als würde er es selbst kennen und deshalb erlauben, dass es in diesem Moment einfach da ist. Er ist in gewisser Weise ein wenig wie Sam. Zwar um einiges größer und in Fleisch und Blut, aber die beiden haben einen gemeinsamen Nenner – ich traue mich, mich ihnen gegenüber zu zeigen.

Auch wenn es mich bei meiner neuen Bekanntschaft um einiges mehr Überwindung kostet als bei Sam. Aber das ist in Ordnung. Es geht einfach darum, dass ich es schaffe, mich zu überwinden. Dass ich es schaffe, über die Angst hinauszugehen und es trotz Angst zu tun.

Vielleicht existiert diese ganze Angst auch einfach nur deshalb, weil ich es selbst nie für möglich gehalten hätte, trotz all meiner Narben und allem, was ich bin, einfach schön zu sein. Oder vielleicht gerade aufgrund dessen erst meine wahre Schönheit zum Ausdruck bringen zu können. Trotz allem in Ordnung zu sein. Gut zu sein. Verletzlich zu sein und es anzunehmen, als ein ebenso schöner Teil von mir selbst wie alles andere.

Hätte ich dieser Tage nicht den Mut gehabt, meiner tiefsten Angst und somit mir selbst in die Augen zu sehen – wahrscheinlich hätte ich dann ein Geschenk des Himmels einfach übersehen. So wie ich mich selbst mein Leben lang übersehen habe.

Doch zum ersten Mal sehe ich klar.

Und ich sehe mich an.

Sehe mich selbst – ganz und vollkommen in Ordnung mit allem, was ich bin.

Einfach wunderschön. Was für ein Moment …

OFFENBARUNG

Der Suchende darf sich SELBST finden.
Dem Mutigen zeigt sich VERÄNDERUNG.
Der Weise nimmt beides VON HERZEN an.
Und plötzlich offenbart sich das LEBEN.

Chaos

Tritt hervor, unendliches Chaos!
Tritt hervor mit all deiner Kraft!
Wirbel durch mich hindurch!
Löse, was erlöst werden will!
Füge zusammen, was zusammengefügt werden soll.
Chaos, offenbare, was offenbart werden muss!
Schaffe Klarheit in all dieser Unordnung!
Chaos, tu was zu tun ist!
Ich bin bereit.

Verwirrt. Durcheinander. Ein Auf und Ab.

Aus mir sprudeln so viele Emotionen hervor.

Mal weine ich, weil ich traurig bin. Traurig, weil ich etwas loslasse, das so lange ein Teil von mir war. Es fühlt sich so nach Abschied an. Es macht mich einfach traurig.

Im nächsten Moment strahle ich wieder vor Begeisterung. Bin freudig. Lache. Ich erfreue mich wahrlich an den schönen Augenblicken des Lebens.

Dann weine ich wieder. Diesmal allerdings aus Dankbarkeit. Ich bin so bewegt. Mein Herz, es ist so unglaublich ergriffen von all den lieben Worten, die mich im Moment erreichen.

Plötzlich überfällt mich eine gewisse Unsicherheit. Ich bin verängstigt. Benommen, als würde ich durch den Tag taumeln. Wohin soll ich gehen? Was soll ich mit all diesen Emotionen? All diesen Gefühlen?

Ich weiß nicht wohin. Ich bin verwirrt. Durcheinander.

Es fühlt sich nach Chaos an …

Gestern überlegte ich, dieses Werk, das ich bereits erschaffen hatte, mit einem Schlag wieder zu zerstören. Ich las es mir durch. Befand es für nicht gut genug. Wollte es wieder löschen. Ich selbst empfand es teilweise zu deprimierend. Zu langweilig. Ich war so gut drauf gestern. Wollte meine Leser nicht mit so „schwerwiegendem" Stoff belasten. Fing an, ein neues Werk zu kreieren. Lustig, fröhlich, mit richtig viel Pepp. Und heute?

Heute weiß ich nicht, was ich machen soll. Es scheint mir nicht richtig, all das, was bereits entstanden ist wegzuwerfen, wieder zu verbergen. Es erscheint mir nicht richtig. Nicht echt. Wenn ich schon so ein Durcheinander derzeit in mir trage, dann darf dies auch gezeigt werden. Irgendwie macht es mir keine Angst. Ich weiß nur noch nicht so ganz, wie ich damit umgehen soll. Im Moment kann ich nichts anderes tun, als es anzunehmen und einfach alles da sein zu lassen, was da ist. Es darf jetzt einfach sein.

Für mich ist es Neuland, in jedem Moment so zu sein, wie ich bin. Kein Verstecken mehr! Nichts mehr verbergen! Mein Umfeld darf dies derzeit ebenfalls stark miterleben. In Gesprächen bin ich plötzlich viel offener. Ich spreche das aus, was ich gerade fühle. Ich zeige mich. Zeige, wie sehr es mich selbst gerade verwirrt. Zeige, dass ich schwanke. Zeige meine Unsicherheit. Zeige, welche Veränderung ich gerade in mir selbst wahrnehme. Spreche aus, was mir in diesem Moment bewusst wird. Sehe mich selbst aus neuen Perspektiven. Es ist, als würde ich mich selbst erst kennenlernen.

Wenn ich Zeit mit mir selbst verbringen will, ohne Unterbrechung oder Einfluss von außen, kommuniziere ich dies jetzt einfach. Meiner Familie zum Beispiel schreibe ich dann eine Nachricht, dass ich offline gehe und nicht erreichbar bin. Bei einer Unterhaltung mit meiner Mutter sprach ich dies kürzlich mal an. Ich fragte sie einfach, wie es für sie ist, wenn ich mich zurückziehe, um in mich zu kehren, neu zu sortieren und meine Batterien aufzuladen. Sie antwortete, dass es heute für sie vollkommen in Ordnung sei. Früher hätten sie sich stets große Sorgen gemacht. Womöglich, weil sie bereits so viel mit mir erlebt hatten. Manchmal gingen solche Momente des Rückzugs eben

Vollgas in die Hose. Heute jedoch versteht mich meine Familie irgendwie, und sie akzeptieren es einfach. Ohne schlechtes Gewissen, ohne Sorge, ohne große Panik im Hintergrund.

Es verändert so vieles für mich selbst. Es macht mir das Ganze so viel einfacher. Mir zu erlauben, das zu tun, was ich im Moment gerade brauche. Und sind es Momente der Stille und des Alleinseins, genieße ich es heute umso mehr. Kein Druck, für alle Welt erreichbar zu sein. Keine Ängste. Kein Drama. Es sind für mich die großartigsten Momente, um wieder in meine Mitte zu kommen, das vorhandene Ungleichgewicht wieder auszubalancieren, zur Ruhe zu kommen und neue Kraft zu schöpfen. Auch wenn ich gerade irgendwie ein gewisses Chaos durchlebe. In solchen Momenten sortiert sich vieles einfach neu – wenn ich es erlaube und dem Prozess vertraue.

Des Öfteren höre ich Menschen sagen: Chaos entsteht aus Angst! In gewisser Weise mag es vielleicht stimmen, weil wir Menschen das Chaos vorwiegend mit Angst verbinden oder aus der Angst heraus nähren. Doch in Wahrheit ist es wie bei allem im Leben: Es ist, was man selbst daraus macht.

Lässt man Chaos somit aus Angst heraus entstehen, dann kann sich dieses Chaos echt bedrückend, schwer und schlecht anfühlen. Wie auch sonst. Wir schenken dem Chaos ja genau diese Energie. Wie sollte es sich daher zu etwas Hilfreichem entwickeln, wenn wir ihm gar nicht erst erlauben, in seiner positiven, ordnenden Kraft zu wirken?

Für mich selbst tauchen ab und an Momente auf, in denen ich regelrecht mit dem Chaos kämpfe. Oder besser gesagt, mein Verstand kämpft damit. Wenn meine Gedanken wieder mal verrücktspielen und irgendwie nicht zur Ruhe kommen wollen, wenn ich nicht begreife, was das alles gerade soll, wenn ich keine Erklärung für etwas finde, dann empfinde ich Chaos. Und es macht mich manchmal nahezu wahnsinnig.

Henry Miller sah *„Chaos als das Wort, das wir für eine Ordnung erfunden haben, die wir nicht verstehen"*. Das ist doch eine plausible

Erklärung, oder? Wir verstehen es einfach im Moment nicht. Das ist alles.

Ist man allerdings so eine große Denkerin, wie ich es bin, kann man echt damit hadern. Oft gerate ich in ein absolutes Ungleichgewicht, weil ich etwas spüre bzw. fühle, das ich mit Verstand und Logik nicht erklären kann. In diesem Punkt arbeitet mein Verstand dann eben gegen mein Herz, meine Gefühle, meine Wahrnehmung. Mein Kopf sagt mir: „Das ergibt doch keinen Sinn! Du malst dir da nur was aus, was nicht der Realität entspricht! Hör auf zu träumen!"

Anstatt allerdings auf meine Intuition zu vertrauen, verwerfe ich es rasch wieder. Doch wie so oft kehrt dieses Gefühl, diese Wahrnehmung, irgendwann mal wieder zurück. Meistens dann, wenn ich der Meinung bin: „Jetzt ist alles in Ordnung. Ich bin voll in meiner Mitte. Nichts kann mich da mehr rauswerfen." Ja ähm, genau.

Dann fängt dieser Prozess wieder von vorne an. Was entspricht meiner tatsächlichen Wahrheit? Warum sind diese Gefühle plötzlich wieder da? Warum denkt man plötzlich an einen gewissen Menschen? Warum vermisst man jemanden auf einmal? Warum kann man nicht einfach damit abschließen? Warum? Warum? Warum denn nur?

In meinem Leben tritt Chaos immer mal gerne in Zusammenhang mit Männern auf. Als würde ich mein Leben von Grund auf verkomplizieren, wenn sich ein männliches Wesen an meine Seite gesellt. Da wird die große Denkerin zur absoluten Zer-Denkerin. Mein Kopf läuft dann gerne mal in Überbetrieb. So lange, bis es sich anfühlt, als würde dieser ewige Gedankenprozess die Gedankenräder in eine überhöhte Reibung führen. Es entsteht Hitze in meinem Kopf. Da raucht der Kopf sprichwörtlich.

Es fällt mir so unglaublich schwer, diesem Prozess einfach zu vertrauen. Vielleicht vertraue ich auch einfach den Männern schwer. Als ob ich nur darauf warten würde, dass sich eine neue Begegnung mit einem Mann schlussendlich wieder mal als das erweist, was ich ja irgendwie schon erwartet hatte: Es ist nicht der Mann fürs Leben. Es ist ein Lernprozess. Du musst noch einiges lösen, bevor du deinem bestimmten Lebenspartner begegnest. Bla, bla, bla …

Und da wundere ich mich noch, dass dieser liebe Mann einfach nicht in mein Leben treten mag. Haha. Ist doch irgendwie irrsinnig, oder? Wie soll etwas in dein Leben treten, wenn du dem Ganzen gar keinen Raum gibst? Wer weiß, vielleicht hat das Universum bereits versucht, jemanden in mein Leben zu bringen, aber ich habe ihn gleich wieder rausgekickt, da ich ja irgendwie noch immer an dem Glauben festgehalten habe, ich wäre noch nicht bereit dafür. Das ist doch das, was ich mir ständig selbst sage: Es gibt immer noch was aufzulösen und zu lernen, bevor wir uns begegnen! Kein Wunder, dass ich jedes Mal in einem Chaos versinke, wenn da mal wieder ein Mann in mein Leben tritt.

Ständig hinterfrage ich alles. Gott, warum fällt es mir so schwer, etwas einfach anzunehmen? Es scheint, als würde ich eher nach dem Übel in jedem Mann graben, bevor ich mir erlaube das Gute, das er vielleicht bereits gibt, auch anzunehmen. Und das alles nur, weil ich immer wieder aufs Neue gegen meine Gefühle kämpfe, gegen das, was ich intuitiv wahrnehme. Gegen mich selbst ankämpfe. Es ist so ein absolutes Absurdum.

Einerseits vermisse ich manchmal jemanden in meinem Leben, andererseits erlaube ich ihm nicht, zu mir zu kommen, da ich selbst noch an mir zweifle. Tada! Da sind sie ja wieder! Die altbekannten Selbstzweifel. Noch nicht gut genug zu sein für etwas. Dem Ganzen noch nicht gewachsen zu sein. Wie schon gesagt: Chaos kommt immer dann, wenn ich der Meinung bin, voll in meiner Mitte, vollkommen in Balance zu sein. Im Endeffekt kommt es gerade in solchen Momenten, um mir aufzuzeigen, was eben noch gar nicht ausbalanciert ist.

Früher bin ich in diesem Chaos oft versunken. Wie ein Sog, der mich tiefer und tiefer runterzog. Heute habe ich mich dazu entschieden, dem Chaos Raum zu geben. Ihm zu erlauben, dass es wirken darf.

Ab und an sind wir Menschen an gewissen Punkten einfach festgefahren. Wir kommen da irgendwie nicht weg. Halten an etwas fest, obwohl wir uns selbst damit von einem erfüllten Leben fernhalten. So wird es zu einer Gewohnheit, etwas, das wir als Teil unseres Lebens ansehen. Wir werden blind für das, was uns festhält, oder besser gesagt, womit wir uns selbst in alten Mustern festhalten.

Bevor ich heute zu schreiben begann, war mir gar nicht bewusst gewesen, mit welcher Denkweise und welchen Glaubenssätzen ich mich selbst noch immer blockiert habe. Manches ist vielleicht auch einfach Übungssache. Wenn man sein Leben lang immer auf zwei Beinen gegangen ist, dann werden die ersten Flugversuche vielleicht ziemlich wackelig erscheinen. Man kennt es einfach noch nicht. Man ist unsicher, weil man doch das Gehen auf zwei Beinen gewohnt ist. Man darf sich erst einfühlen, einleben in das Fliegen. Und das geht am besten, wenn man vom zweibeinigen Marsch loslässt, sich fallen lässt und es dann einfach macht.

Wenn das Chaos schon so freundlich ist und in einer für uns Menschen unverständlichen Weise für Ordnung sorgt, dann liegt es an uns selbst, diese Ordnung auch anzunehmen, sie zu integrieren und uns auf ein neues Abenteuer einzulassen.

Darum sage ich heute:

Chaos, du bist der Wirbelwind in meinem Leben, der mich dankender
Weise loslöst von all dem, was mich bisher gehindert hat,
mein Leben wirklich zu leben.
Der Wirbelwind, der das einst Begrabene freilegt, sichtbar macht,
damit ich es erkennen kann.
Der Wirbelwind, der den Staub von meinen Augen fegt,
damit ich wieder klar sehen kann.
Der Wirbelwind, der die Mauer, die ich einst aus Schutz aufgebaut hatte,
einfach umpustet, um mich für das zu öffnen,
was schon längst auf mich wartet.
Der Wirbelwind, der mich selbst befreit.

Voll am Arsch

*Das Leben ist reine Ansichtssache.
Entscheidend ist, was wir selbst daraus machen!*

Bis vor ein paar Stunden war ich echt der Meinung, in Angst zu leben, sei mein größtes Problem. Jetzt kann ich sagen: „Nope! Definitiv nicht!" Da bittest du dieses Chaos um Klarheit und Ordnung, und was passiert? Ich sehe mich plötzlich in einem richtig beschissenen Licht. Richtig gelesen! Ein echt beschissenes Licht. Wer hätte das gedacht? Vollkommen unerwartet und überraschend stehen wir uns nun von Angesicht zu Angesicht gegenüber. Wir sehen einander an. Ein Anteil, den man ehrlich gesagt gar nicht sehen will. Nein, man will diesen Anteil nicht in sich selbst erkennen. Das ist doch Bullshit!

Was es ist, wollt Ihr wissen? Seid Ihr sicher? Ganz sicher? Na gut. Hier die Offenbarung:

Ich sehe plötzlich das Arschloch in mir.

Ja, richtig gelesen. Ich trage einen Arschlochanteil in mir, und ich sehe ihn klar und deutlich. Heilige Scheiße! Bei dem liebevollen, bunten, schönen Bild, das ich von mir selbst kreiert habe, kommt dieser Wirbelwind und schmeißt mir mit Vollgas den größten Mist mitten ins Gesicht. Zu meinem Glück nur metaphorisch!!! Andernfalls hätte ich in diesem Moment wohl echt die Schnauze voll.

Da ist es nun. In mir wahrgenommen, und es sieht echt nicht schön aus. Mich selbst als Arschloch wahrzunehmen, versetzt mir irgendwie einen Stich ins Herz. Und mit einem Schlag wirkt alles sehr erdrückend …

Was um alles in der Welt habe ich da erschaffen? Eine Selbstwahrnehmung, die mir in diesem Moment echt zum Himmel stinkt. Fuck! Ich sitze da und weiß nicht, was ich damit anfangen soll. So 'ne Scheiße! Ich schimpfe vor mich hin. So kenne ich mich gar nicht. Seit wann schmeiße ich denn so gerne mit Schimpfwörtern um mich?

Nach gefühlten 21 Malen das Wort „Fuck" rauskatapultiert zu haben, erinnere ich mich an einen ausgesprochen herzlichen Menschen, mit dem ich in Neuseeland eine Zeit lang zusammenarbeiten durfte. Sie war der Supervisor in unserem Team. Ich mochte ihr authentisches Sein. Diese Frau konnte mit Schimpfwörtern um sich schmeißen, was das Zeug hielt. Es war herrlich. Einfach echt. Einfach authentisch. Noch heute sehe ich die Kinder schmunzeln, wenn sie wieder mal etwas aussprach, das man doch in einer zivilisierten Gesellschaft nicht sagen soll. ;)

Heute erkenne ich, wie befreiend es ist. Es tut mir selbst gut, den ganzen Mist mal rauszuhauen. Wie es aussieht, ist dieses große Repertoire an Schimpfwörtern nicht umsonst da. Manchmal ist es einfach der ehrlichste Weg, um sich auszudrücken. Und es macht richtig Spaß. Wirkt total befreiend. Haha. Zumindest für mich, in diesem Moment. Also, damit es auch jeder heute, hier und jetzt hören kann, nochmal ein herzliches „FUCK!" von meiner Seite.

Na gut. Soeben durfte ich sehen, was tatsächlich alles in mir steckt. Was mache ich allerdings jetzt damit? Meine erste Intuition war: „Ich muss unbedingt mit meiner neuen Bekanntschaft reden!" Mir wurde mit einem Mal so vieles bewusst. So klar. So sonnenklar. Also schob ich es nicht auf die lange Bank.

O.k., ein wenig schob ich es schon hinaus, da es mitten in der Nacht war und ich seine Nachtruhe nicht stören wollte. Manchmal schadet es nicht, über eine Sache zu schlafen. Denn dieses „über eine Sache schlafen" kann ganz viel bewirken. Der Geist klärt sich über Nacht. Man erhält einfach die Möglichkeit, aus den momentanen Emotionen auszusteigen, um danach ein friedvolles Gespräch von Herzen führen zu können.

Am darauffolgenden Nachmittag war es dann soweit. Ich teilte ihm meinen am Vortag erlangten Geistesblitz mit.

Gestern fühlte ich mich echt wie ein Arschloch, weil ich plötzlich das Gefühl hatte, ich war zu ihm nicht ehrlich gewesen. Viel eher kam ich mir vor, als hätte ich ihm Nähe gewährt, nur um etwas hervorzuholen, was ich loslassen wollte, aber bisher nicht sehen konnte. Es fühlte sich nicht gut an. Nicht echt. Ich selbst bin erst dabei, meine innere Wahrheit zu entdecken. Selbst herauszufinden, was ich überhaupt will. Worum es für mich derzeit im Leben geht. Daher wäre es gewiss nicht förderlich gewesen, unsere Begegnung hin zu einer intensiveren, intimeren Beziehung zu führen. Nein, es wäre definitiv nicht förderlich. Zumindest nicht für mich, denn ich erkannte mit einem Schlag so vieles in meinem Gegenüber, mit dem ich selbst mein bisheriges Leben lang immer wieder zu kämpfen hatte. Es waren Sichtweisen und alte Muster, die ich selbst jedoch nicht mehr weitertragen wollte. Mir war plötzlich bewusst geworden, dass ich bereit war, weiterzugehen. Für mich war es klar: Mein Weg ging in eine andere Richtung.

Doch in welche Richtung? Was genau war dieser Weg, den ich gehen wollte? Was in Gottes Namen war diese Wahrheit, nach der ich die ganze Zeit gesucht hatte? Was vermochte ich nicht zu sehen?

Und siehe da, im nächsten Moment erkenne ich es ganz klar: Es geht darum, mich zu zeigen. Selbstbewusst, offen, mit allem, was in mir steckt. Vertrauen zu lernen. Vor allem meiner Intuition und somit mir selbst zu vertrauen. Meinen Weg einfach zu gehen. Und um alles in der Welt endlich damit aufzuhören, jemand anderes auf meinem Weg mitzerren zu wollen. Wer mitgehen will, geht sowieso mit. Wer nicht mitgehen will, verabschiedet sich von selbst.

So hat eben alles im Leben seinen Sinn. Jeder Mensch, der in unser Leben tritt, kommt aus einem bestimmten Grund, und jene, die unseren Lebensweg wieder verlassen, machen dies ja auch nicht grundlos. Manche Menschen bleiben ein Leben lang. Viele verabschieden sich nach einer Weile wieder. Andere kommen und gehen und kommen und gehen und kommen wieder. Ab und zu fragt man sich dann: „Was macht denn dieser Mensch jetzt plötzlich wieder in meinem Leben? Waren wir nicht schon fertig miteinander? Abgeschlossen? Finito?" Anscheinend nicht.;) In solchen Fällen ist es oft so, dass man einfach den wahren Grund, warum dieser Mensch zuvor bereits in unserem Leben gewesen ist, noch nicht erkannt hat. Dann kommen sie meistens wieder. So lange bis man endlich geschnallt hat, worum es geht, daraus lernt und sich weiterentwickelt. Man geht dann einfach weiter, und alles andere löst sich von selbst.

Mit diesem unbekannten und doch irgendwie vertrauten neuen Menschen in meinem Leben durfte ich binnen kürzester Zeit sehr viel lernen. Unter anderem, wieder mehr zu vertrauen. Vor allem Männern. Dieses Bild, das ich mir bisher kreiert hatte, einfach zu verändern. Zu sehen, es entspricht gar nicht der Wahrheit, was ich da über die Männerwelt in mir verankert hatte. Es gibt eben auch anderes.

Das Schöne ist, wenn jemand dieselben Zweifel in sich trägt und man von sich selbst so vieles in seinem Gegenüber sieht, fühlt man sich nicht so allein gelassen. Man weiß, der andere hat mit genau demselben zu kämpfen, womit man selbst kämpft. Oder anders formuliert: Wogegen man selbst ankämpft. Es vermittelt ein Gefühl des Vertraut-Seins. Man fühlt sich einfach verstanden.

Er weiß, ich gehe meinen Weg. Die Entscheidung, ob er mitgeht oder nicht, steht ihm selbst frei.

Durch diese herzoffene und ehrliche Begegnung hat sich sehr viel in mir verändert. Ich habe begonnen, mich selbst so viel klarer wahrzunehmen. Und ich weiß, es ist an der Zeit, mich nun in einem neuen Licht zu betrachten.

Also: „Licht an!" :)

Dieses neu beleuchten – es passt so gut zu diesem „Arschloch-Bild", das mir zuvor ins Gesicht geklatscht wurde. Schreiben hilft mir persönlich immens dabei, zu sehen, zu verstehen, etwas zu verändern und das Licht in mir wieder anzuknipsen, wenn gerade mal Stromausfall war. ;) Allerdings schreibe ich nicht den ganzen Tag alles auf, was ich so von mir gebe. Daher ist es umso wichtiger für mich geworden, mir selbst richtig zuzuhören. Nicht nur in Gesprächen mit anderen, sondern vor allem in Gesprächen mit mir selbst.

Im vergangenen Jahr habe ich das ganz bewusst gestartet. Alles, was ich in Gedanken ausspreche, auch anzuhören. Und man glaubt gar nicht, wie viel man an einem Tag so von sich gibt. Also in meinem Fall bin ich echt zu einer gedanklichen Quasselstrippe geworden. Eine alte Schnattertante, die zweitweise echt ununterbrochen reden kann. Manchmal wird mir das Geplapper selbst schon zu viel. In solchen Momenten kommt dann meine imaginäre Stopptafel hochgeschnellt, knallt mir gegen die Stirn, und danach herrscht endlich Ruhe. Stille. Wie herrlich! Wie sehr ich es genieße. Kein Pieps zu hören. Einfach schön.

Zumindest für fünf Sekunden oder so. Denn nach der ausgesprochen kurzen Pause rattert mein Gedankengespräch sofort wieder mit einem Affenzahn weiter. Die Plaudertasche darf dann letztendlich auch sagen, was sie zu sagen hat, weil es anscheinend sehr wichtig ist. Sonst würde sie nicht so eifrig reden.

Oftmals ist es echt sinnvoll, die Madame da oben auch ausreden zu lassen. Die gibt nämlich gelegentlich Sachen von sich, die absolut gar nicht in Ordnung sind. Das sind dann meistens jene Gespräche, in denen sie mich als dumm bezeichnet. In denen sie mir sagt, dass das, was ich mache „Scheiße" ist. In denen sie mich selbst sowas von erniedrigen kann. Einfach unglaublich. Und glaubt nicht, sie macht das auf die feine Art – so quasi ein Gespräch durch die Blume. Nein! Sie ist dann echt fies und herablassend. So ein Luder aber auch!

Würde ich dem Ganzen gar nicht so bewusst lauschen, würde es mir nicht auffallen, in was für ein schlechtes Licht ich mich selbst manchmal rücke. Wie gemein ich zu mir selbst sein kann. Lieblos und ganz dezent von oben herab. Es war auch diese Gedankendame, die vertieft in ihre Plauderei mich als „Arschloch" bezeichnet hat. Was die sich aber auch erlaubt. Echt unvorstellbar.

Früher hätte ich in so einem Moment einen Gegenangriff gestartet. Wieder einmal einer dieser Kämpfe mit mir selbst. Heute nehme ich es mit Humor. Ich bedanke mich fürs Aufzeigen und nehme es gelassen. Einfach weil ich weiß, ich habe es selbst in der Hand, dies zu ändern. Nicht erst irgendwann einmal, sondern jetzt. In diesem Moment.

Natürlich bin ich anfangs noch immer öfter mal geschockt, wenn solche unerwarteten Offenbarungen ans Tageslicht kommen. Aber es macht mir keine Angst mehr. Es hat auch immer etwas Gutes.

Das Leben selbst ist reine Ansichtssache!

In Anbetracht dessen, dass so viele Menschen in Coronazeiten auf einen ausreichenden Vorrat für „beschissene Zeiten" fokussiert waren, ist es nicht verwunderlich, dass mit einem Schlag das Toilettenpapier ausverkauft war. Wenn ich das Leben allerdings durch eine Klopapierrolle betrachte, werde ich darin keinen Baum entdecken. Ein Baum wächst nicht in solch einer Umgebung. Und doch ist der Baum selbst im Klopapier enthalten.

Was mich zu dem „Conclusio" führt: Das Leben ist einfach das, was man selbst daraus macht! Wie man es betrachtet. Wie man sich selbst in diesem Leben sieht.

So kann ich aus heutiger Sicht sagen:

„Gestern sah ich Klopapier, heute einen Baum!" ;)

Handlungsbedarf

Entscheidungsfreiheit ist wahrlich ein großzügiges Geschenk.
Kann Türen öffnen. Doch wenn ich bedenk,
liegt dieses Geschenk seit Geburt an in meiner Hand.
Und trotzdem war mir dessen Handhabung bis heute unbekannt.

Gestern bin ich auf eine großartige Metapher gestoßen. Ich war im Austausch mit jemandem bezüglich eines Fahrzeuges. Auf meine Frage, was es bedeute, dass die Türschlösser auf der rechten Seite nicht funktionieren, antwortete er: „Man muss die Türen von innen aufsperren." Ein wundervoller Gedankengang.

Manchmal warten wir vergeblich, dass jemand von außen eine neue Tür, die vor uns steht, aufschließt. Doch oft warten wir vergebens. Wir vergessen, dass wir den Schlüssel dafür in uns tragen.

Bezogen auf meine eigene Situation, wurde mir das gestern Abend irgendwie bewusst. Ich stehe im Moment vor einer unbekannten Tür. Jetzt liegt es an mir selbst, diese Tür zu öffnen. Mit dem, was bereits da ist. Mit dem, was ich bereits in meinen Händen halte. Um dann mutigen Schrittes und in Vertrauen einfach hindurchzugehen. :)

William Blake sagte einmal: „*My business is to create!*" Wie sehr mich diese Worte jedes Mal aufs Neue bewegen. Gänsehaut macht sich auf meinem Körper breit. Es fühlt sich einfach so wahr an.

Denke ich an meine Kindheit zurück, waren die wundervollsten Momente für mich jene, in denen ich etwas gestaltet habe. Etwas erschuf. Momente, in denen ich meiner Kreativität freien Lauf ließ. So ist es auch heute noch. Ich darf nun lernen, dies auf mein gesamtes Leben anzuwenden. Mein Leben selbst zu gestalten. (Erinnert mich an den Titel der Diplomarbeit einer

Freundin. Sie nannte diese Arbeit „Werde Selbstgestalter deines Lebens".) Ich selbst gehe heute allerdings vom Werden über ins Sein. Jetzt bin ich Selbstgestalterin meines Lebens. Und zum ersten Mal nehme ich diese unglaubliche Schöpferkraft in mir wahr. Nahezu magisch kraftvoll. Wundervoll.

Starke Blockaden, um überhaupt in diese Handlungsfähigkeit überzugehen, sind Unsicherheit und mangelndes Selbstvertrauen. Zweifel und dieses „Sich selbst etwas nicht zutrauen" – haben mich schon so oft in meinem Leben blockiert. Es hat mich zurückgehalten. In eine Art Opferrolle gedrängt. Diese Wahrnehmung der Ohnmacht. Es ist grauenhaft. Es fühlt sich an, als würde man auf der Stelle treten. Wie ein niemals endender Kreislauf. Dann boxt man sich wieder mit aller Gewalt aus diesem Befinden raus und landet erst wieder einige Zeit später in dem Selbigen.

Doch nun treffe ich eine Entscheidung! Wiedermal. Wie so oft in letzter Zeit. Bis dato wusste ich gar nicht, dass so eine starke Entscheidungsfreude in mir steckt. Haha. Und soll ich euch was sagen? Es gefällt mir! :) Diese heutige Entscheidung fühlt sich so gut an. Leicht und auf eine gewisse Art und Weise beflügelnd. Heute, jetzt, steige ich aus aus diesem Hamsterrad. Ich bewege mich von nun an nicht mehr im Kreis. Stattdessen begebe ich mich in eine Art Spiralkraft hinein. Von innen heraus nach außen wirkend. Ohne mich von meinen bisherigen Selbstzweifeln davon abhalten zu lassen. Es ist einfach an der Zeit, diese Tür, die vor mir liegt aufzusperren, und den Weg zu gehen, der sich dahinter verbirgt. Meinen Weg. Ja, meinen Weg zu gehen. Mit ganzem Herzen.

Dieses alte düstere Scheinwerferlicht, mit dem ich mich selbst die ganze Zeit beleuchtet habe – ich knipse es jetzt einfach mal aus. Das heißt nicht, dass es nicht mehr da ist. Mein bisheriges Leben war, ist und wird immer ein Teil von mir sein. Doch erlaube ich mir heute, mich in einem anderen Licht zu betrachten.

Da entsteht plötzlich so ein Funkeln um mich herum. Als würden mich Millionen von kleinen Glitzerteilchen umhüllen. Ein magischer Moment. ♥

Ein Beitrag, den ich vorhin hörte, hat mich diesbezüglich sehr bewegt. In dem Beitrag ging es eigentlich um die derzeitige Situation des „Homeschoolings", bezogen auf eine der vielen Corona-Maßnahmen. Die Kinder bleiben zu Hause und erledigen eben daheim ihre Arbeitsaufträge. Für mich hörte sich dieser Kurzbeitrag allerdings nicht nur nach einem Gespräch über neue Herausforderungen für Kinder, Eltern und Lehrer aufgrund der schulischen Situationsveränderung an. *Weg von den Defiziten zu gehen und den Fokus auf das zu legen, was bereits da ist. Uns selbst erlauben, in die Tiefe zu gehen.* Es klingt viel eher wie eine praktische Anwendung für das Leben selbst. Ehrlich gesagt, wie soll man sich selbst einer Veränderung öffnen, wenn man sich nur auf das konzentriert, was einen verschließt? Die Wahl liegt ganz bei uns. Nehmen wir das an, was wir in uns tragen und nutzen es dazu, um für uns selbst bisher verschlossene Türen zu öffnen?

Der Sprung zu einer Veränderung ist oft gar kein Meilenschritt. Wir brauchen nicht große Entfernungen hinter uns zu lassen, um diesen einen Schritt in eine neue, für uns oft unbekannte Welt zu wagen. Im Moment fällt es mir echt leicht, diesen Schritt zu gehen. Das macht wohl diese neu entdeckte Entscheidungsfreude. :)

Entscheidungen zu treffen, hängt für mich stets mit Verantwortungsbewusstsein zusammen. Ich selbst übernehme Verantwortung für mein Tun und Handeln. Ich selbst werde mir darüber bewusst, dass ich selbst für mein Leben verantwortlich bin, und ich entscheide mich, etwas zu tun und mein Leben zu leben. Unabhängig. Frei.

Mein Leben lang habe ich mich immer wieder von anderen abhängig gemacht. Nun hat sich das Licht verändert. Etwas in mir hat sich gewandelt. Und plötzlich wurde mir selbst bewusst, dass ich nicht mehr darauf warte, ob jemand mit mir mitgeht. Ich mache meine Entscheidung nicht mehr von anderen abhängig. Deshalb gehe ich einfach weiter. Ich gehe weiter in meinem Leben und sehe, was passiert.

Mit jeder Entscheidung, die ich in meinem Leben verantwortungsbewusst treffe, vertraue ich mir selbst. Es ist egal, wie diese Entscheidung aussehen mag. Was für andere vielleicht irrsinnig erscheinen, kann für einen selbst der vollkommenen Wahrheit entsprechen. In diesem Licht betrachtet, scheinen mir bewusste Entscheidungen der Schlüssel zu einem erfüllten Leben zu sein. Der Schlüssel, der neue Türen öffnet und uns Wege offenbart, die wir vielleicht nie für möglich gehalten hätten.

Entscheiden wir uns gegen etwas, wird dieses „gegen" immer Druck erzeugen. Es ist leicht nachzuvollziehen, was damit gemeint ist. Ich könnte Unmengen an Situationen meines Lebens aufzählen, in denen sich dieser Gegendruck ganz stark gezeigt hat. Mit der Zeit sogar physisch. Diesem Druck habe ich allerdings kaum erlaubt, nach außen zu treten. Bis der Druck zu groß wurde und irgendwann die Bombe platzte. *tada* Da wären wir wieder bei der „Ticking Bomb".

Sich „gegen" etwas zu entscheiden, bedeutet jedoch nicht gezwungenermaßen, dass man deshalb nicht auch „für" etwas sein kann. Es schwingt einfach eine andere Energie mit. Eine Energie, die womöglich Druck aufbaut. Druck, damit endlich mal das rauskommt, was in einem steckt.

Viel zu lange habe ich meinen Fokus auf das gelegt, was ich nicht mehr haben wollte. Was ich nicht mehr sein wollte. Was ich nicht mehr in mir tragen wollte. Ich wollte nicht mehr unsicher sein. Ich wollte diesen inneren Kampf nicht mehr führen. Ich wollte ein anderes Leben führen. Ich wollte nicht mehr so viel weinen. Ich wollte nicht mehr abhängig sein. Ich wollte nicht mehr manipulieren. Ich wollte mich nicht mehr verstecken. Ich wollte diese ewigen Kontrollversuche ablegen. Wie oft habe ich in meinen Tagebüchern niedergeschrieben: Ich will das alles nicht mehr! Ich will diese Angst nicht mehr haben! Ich will nicht mehr leiden! Bitte nimm es von mir!

„Toll" oder, wie sehr ich mich auf das fixierte, was ich nicht mehr wollte? ;) Was aber letzten Endes trotzdem immer dagewesen ist. Mit allem, was ich nicht mehr sein oder haben wollte, habe ich in Wahrheit nur dieses Prinzip des Gegendrucks gelebt. Eine Entscheidung gegen mich selbst getroffen. Und diese Entscheidung entsprang ebenfalls meiner inneren Wahrheit. Weil es das war, was ich immer gesehen habe. Es war das, wie ich mich selbst gesehen habe. Eine andere Wahrheit ließ ich gar nicht zu. Im Gegenteil – ich erachtete sie nicht mal für möglich. Da frage ich mich an dieser Stelle: Wie sollen sich in meinem Leben neue Möglichkeiten eröffnen, wenn ich mich ihnen doch nur selbst verschließe? Mich trenne, abtrenne von mir selbst und allem, was ist.

Grundsätzlich treffen wir Menschen unser Leben lang Entscheidungen, in jedem Moment. Die Frage ist nur, wie treffen wir diese? Wird die Entscheidung verantwortungsbewusst getroffen? Treffen wir die Entscheidung in Vertrauen? Entspringt sie unserem Herzen? Unserer Intuition? Ist sie wohlwollend, liebevoll? Erfüllt von Begeisterung? Oder fällen wir eine Entscheidung aus Wut, Zorn, Gräuel, Gier, Zweifel, Sorge, Angst heraus? Verantwortungslos? Unbewusst? Entscheiden wir uns für oder gegen etwas? Es kann einen großen Unterschied ausmachen …

Wollen wir in diesem Sinne doch mal das Wort „Entscheidung" etwas genauer beleuchten:

Es setzt sich aus der Vorsilbe „Ent-" und dem Wort „Scheidung" zusammen.

Eine Scheidung bringt man vielleicht eher in Zusammenhang mit einer vorangegangen Vermählung. Man heiratet, lässt sich scheiden und geht dann quasi nicht mehr vereint durchs Leben, sondern eben getrennte Wege. Also, es trennt sich etwas, oder man trennt sich von jemandem. Diesen Scheidungsprozess könnte man genauso gut auf sich selbst beziehen. In meinem Fall: Abtrennung von mir selbst. Innerliche Trennung bewirkt, dass man sich gespalten fühlt, und es bringt einen mächtig aus der Balance. Es herrscht ein Ungleichgewicht. Es fühlt sich an, als würde einem selbst dauernd etwas fehlen. Man fühlt sich nicht ganz. Eben nur als eine Hälfte.

Lange Zeit glaubte ich, diese fehlende Hälfte im Außen zu finden – durch einen Lebenspartner. Jemanden, der mich vollständig macht. Mittlerweile habe ich erkannt, dass dies nie möglich sein wird. Wenn in mir selbst etwas fehlt, weil ich mich davon getrennt habe – wie soll jemand anders dies auffüllen können? Geht es nicht viel mehr darum, diese Leere, dieses Fehlen in sich selbst wieder rückgängig zu machen bzw. es selbst zu vervollständigen? Selbst aufzufüllen? Zu vereinen? Aus schulmathematischer Sicht würde man sagen: „Aber zwei Halbe ergeben doch ein Ganzes!" Tja, mittlerweile sehe ich das auf uns Menschen bezogen anders.

Es ist, als würde man zwei Gläser mit Wasser gefüllt vor sich haben – beide halb voll. Um ein volles Glas zu bekommen, müsste man die eine Hälfte Wasser in das andere Glas schütten. Dann hätte man ein volles Glas. Ja prima. Ein Glas ist voll. Und was ist mit dem anderen? Das wäre dann in diesem Fall absolut leer. Da ist gar nichts mehr drinnen. Nada. Niente. Nichts außer Leere. Hat denn mal jemand dieses leere Glas gefragt, ob es überhaupt vollkommen leer sein will?

Was passiert mit uns Menschen, wenn wir absolut leer sind? Wenn nichts mehr da ist? Kein Wasser im Glas. Blöd, oder? Es heißt doch: Wasser ist Leben. Also was passiert mit einem selbst, wenn kein Wasser mehr da ist? Das dürft Ihr gerne für Euch selbst beantworten.

Somit: Wenn man sich schon nur halb fühlt, dann bitte SELBST zur Wasserquelle gehen und sich SELBST auffüllen. Nicht abzocken von anderen. Die brauchen ihr Wasser auch zum Leben.;)

Auffüllen geht im Prinzip ganz einfach, weil ja sowieso alles da ist. Man braucht sich nur für diese Fülle zu entscheiden.

Das Wort Scheidung und dessen Auswirkungen haben wir uns nun genauer angesehen. Welchen Part spielt allerdings die Vorsilbe „Ent-" in dieser Ent-Scheidung?

Laut Duden drückt sie in der Bildung von Substantiven und einer Endung aus, dass etwas „entfernt" wird. In diesem Sinne würde die Scheidung wegkommen, was wiederum bewirken würde, dass es zu einer Vereinigung kommt. Allerdings finde ich es gerade etwas verwirrend, die Bedeutung einer Vorsilbe mit einem Wort zu erklären, welches ebenfalls diese Vorsilbe aufweist. Vielleicht wird es einfacher, dem Ganzen zu folgen, wenn wir uns die Bedeutung in Verbindung mit Verben ansehen.

Hier gibt es laut Duden mehrere Möglichkeiten: Zum einen drückt es ein *Weggehen*, ein *Wegnehmen*, ein *Herausgelangen* aus. Zum anderen, dass etwas wieder *rückgängig gemacht, in den Ausgangszustand zurückgeführt wird*. Dann gibt es noch den Ausdruck für den *Beginn von etwas*.

Man kann das jetzt auf unterschiedlichste Weise interpretieren. Der entscheidende Faktor hierbei ist jedoch, aus welcher Intention und Energie heraus wir diese Entscheidung treffen!

Wenn Scheidung für mich Getrenntsein bedeutet, dann würde diese Vorsilbe bewirken, dass *man von diesem Getrenntsein weggeht, es wegnimmt, aus sich selbst herauskommt, den Weg zurück zur Einheit, Ganzheit geht und somit etwas Neues, wie eine Art Wiedergeburt, Auferstehung entstehen lässt.*

Klingt doch großartig, oder nicht? Für jemand anderen mag es vielleicht etwas ganz anderes bedeuten. Ganz nach der eigenen inneren Wahrheit. Fakt ist: Es gibt immer mehrere Möglichkeiten. Es kommt einfach darauf an, wofür man sich entscheidet.;)

Ich selbst entscheide mich in diesem Moment FÜR ... Ja wofür denn eigentlich? Wie wär's mit: Ich entscheide mich FÜR das Leben! Ich entscheide mich dafür, mich selbst zu leben, mich wahrzunehmen, wie ich wirklich bin!

Na dann, ab die Post und los! Auf in eine Welt voll unbegrenzter Möglichkeiten, freudiger Entscheidungen und wundervoller Überraschungen! :D

Demaskierung

Hier muss ich keine Maske tragen.
Hier darf ich sein, so wie ich bin.
Hier fühle ich mich lebendig.
Hier fühle ich mich frei.

Corona ist noch immer allgegenwärtig. Die Maßnahmen sind voll im Gange, und draußen sieht man immer mehr Menschen mit Masken (Mund-Nasen-Schutz) rumlaufen. Klar, die neue Verordnung des Landes hat in Österreich Einzug gehalten. Man versucht eben mit allen Mitteln, dieses Corona zu bändigen und es irgendwann mal wieder aus dem Land zu verfrachten. Es ist schon irgendwie eigenartig. Man kennt solche Bilder sonst nur von anderen Ländern, und plötzlich sieht man das Ganze vor der eigenen Haustür.

Umso eigenartiger erscheint mir in diesen Zeiten und in diesem Moment das, was meine innere Stimme gerade ruft. Mit lautem Gebrüll und voller Enthusiasmus schreit sie: „Weg mit der Maske! Maske ade!" Tja, zum Glück ruft es meine Stimme nicht laut in die Welt hinaus, sondern nur in meinem Inneren. Würde wohl, unter den gegebenen Umständen, nicht so gut ankommen, wie eine halbstarke Revoluzzerin mit Tafel in der Hand durch die Gegend zu laufen und „Legt eure Masken ab!" zu schreien.;) Es würde auch nicht wirklich meinem Naturell entsprechen. Da begebe ich mich doch lieber von der Revoluzzerin hin zur Erneuerin und nehme meine innere Stimme in all der Stille einfach wahr.

Was mir dieser innerliche Ausruf allerdings klar und deutlich zeigt ist, dass ich mich nicht mehr hinter einer Maske zu verstecken brauche. Ich trage die Maske derzeit nur noch, wenn ich einkaufen gehe. Allerdings verstecke ich mich dann auch nicht hinter ihr, sondern trage sie einfach aus Achtung meinen Mitmenschen gegenüber.

Als diese Stimme heute in mir laut wurde, fragte ich mich, ob ich denn bis dato überhaupt noch eine äußere Maske getragen hatte. Und mit einem Schlag fielen mir unzählige Beispiele ein, in denen es in den vergangenen Monaten noch immer so gewesen war. Typischerweise fällt mir als Erstes eine Situation mit einem Mann ein. Also ich hab's irgendwie so mit Selbsterkenntnis und Bewusstwerdung durch Begegnungen mit Männern. Liebes Universum, was willst du mir damit sagen? ;)
Jedenfalls war es für mich mein erstes richtiges Blind Date. Obwohl richtig blind war es nicht. Einerseits hatten wir bereits Fotos ausgetauscht und uns geschrieben, andererseits konnte ich bei dem Anblick meines Gegenübers gar nicht mehr wegsehen, so fasziniert war ich von dem, was ich da sah. Diese Maske, von der ich die ganze Zeit spreche, hat er an diesem Tag definitiv nicht getragen. Die Maske trug viel mehr ich selbst. Ich war zwar ungeschminkt und so natürlich, wie ich jeden Tag verbringe, aber ich versuchte, etwas vor ihm zu verbergen. Meine absolute Unsicherheit. Ich war so aufgeregt wie noch nie zuvor, als ich zu der Verabredung ging. Sogar als mein Kaffee serviert wurde, wartete ich gefühlte Stunden ab, bevor ich überhaupt die Tasse in die Hand nahm. Mein Körper zitterte. Von Kopf bis in die Zehenspitzen. Ich hatte Angst, er würde sehen, wie aufgeregt ich war. Darum hielt ich mich entweder nur an der Tasse fest, oder legte meine Hände in den Schoß. Scheiße war ich am Arsch. Also gefühlt. Ich versuchte mit aller Gewalt, mir nichts anmerken zu lassen.
Nach einer Weile hatte ich mich zum Glück auch wieder beruhigt. Es war mir einfach so unangenehm, dass ich wegen dieses ersten Treffens so aufgebracht war. Und es war keine Aufregung wie bei einem kleinen Kind vor Weihnachten. Es war Aufregung, weil ich mir die ganze Zeit Gedanken machte, was er von mir halten könnte. Wie er mich wohl sehen würde. Es

war all der Mist, den ich jetzt im Moment gerade dabei bin abzulegen. Jene Unsicherheit, die von mir immer wieder fleißig genährt wurde.

Nervös zu sein wäre an und für sich nichts Schlimmes. Viele Menschen sind aufgeregt und nervös, wenn etwas Neues passiert. Die Frage ist nur: Nähre ich dieses Aufgeregt-Sein aus einem Mangel heraus, wie zum Beispiel Unsicherheit, oder bekommt es die volle Ladung elektrisierender kindlicher Begeisterung ab?

Also um ehrlich zu sein, ich war in diesem Moment, als ich mein Date vor mir sah, bestimmt in gewisser Weise begeistert. Ich war begeistert von der Lebensfreude, die er ausstrahlte. Diese Lebensbegeisterung – sie spiegelte sich in seinen Augen wider. Doch weil ich mich selbst in dem Moment damals mangelhaft fühlte, kam er mir mit all seinem Erscheinen irgendwie eine Nummer zu groß vor.

Es heißt ja bekanntlich „Augen sind das Tor zur Seele". Man kann in den Augen eines Menschen sehr viel entdecken. Sie sprechen Bände. Da hilft es nicht mal, eine Maske zu tragen, denn wenn man mal tief in die Augen guckt, sieht man, ob das Gegenüber etwas zu verbergen versucht. Etwas, dem die Seele gerne Ausdruck verleihen möchte, aber man zieht dann so quasi die Vorhänge zu. Ungefähr so sieht das für mich aus. Bei meinem damaligen Date jedoch gab es keine Vorhänge. Seine Augen strahlten einfach. Sie zeigten mir auch, dass er ein ehrlicher Mensch ist. Was sich gleich darauf bestätigte, indem er vor mir die Hosen runterließ.

Hey, nicht wörtlich gemeint! Metaphorisch, bitte!;) Er war aufgeschlossen und zeigte sich ganz. All seinen Schmerz, seine Unruhe, einfach das, was für ihn gerade präsent war. Sein Herz war gebrochen, und er wusste nicht, wie er damit umgehen sollte. Immer wieder tauchte im Gespräch seine Ex auf, und die Beziehung, die er mit ihr hatte. Er fragte mich sogar einmal, was er tun solle. Ich gab ihm zu verstehen, dass ich ihm nicht sagen würde, was er tun soll, sondern dass er es für sich selbst herausfinden darf.

Und was durfte ich in dieser Situation für mich selbst herausfinden? Ich durfte endlich mal lernen, aus diesen verwirrenden Beziehungen rauszutreten. Kein Bock mehr auf die Drittes-Rad-am-Wagen-Version. Keine Ahnung, wie oft ich mich in solche Situationen bereits begeben hatte. Gefühlsmäßig zu oft. Deshalb war dann auch rasch Schluss damit. Dadurch, dass er allerdings so offen mit mir darüber geredet hatte, fiel es mir um einiges leichter, die roten Flaggen zu sehen. Darum habe ich ihn seinen Weg gehen lassen und ich ging meinen einfach weiter.

So kann's gehen im Leben! Aber mal ehrlich: Hatte ich nicht eingangs noch erwähnt, dass er mir eine Nummer zu groß erschien? Also war es für mich ganz klar, aus dieser Verbindung rauszugehen und mich selbst mal wieder wachsen zu lassen.

Dieser Mensch ist mir bis heute immer mal wieder stark in Erinnerung. Er hat mich damals nicht nur mit seiner lebhaften Ausstrahlung beeindruckt – die Begegnung mit ihm hat mich auch wieder wachgerüttelt. Bei unserer ersten Verabredung fragte er mich im Laufe des Gesprächs, was ich denn sonst so gerne mache. Eine einfache, banale Frage. Und ich saß da und konnte ihm keine Antwort geben. Mir viel spontan nichts ein, was ich darauf antworten hätte können. Wie war das möglich? Ein halbes Jahr davor hätte ich ihm 100 Sachen nennen können. Doch in diesem Moment hatte ich keine Antwort. Erst nach und nach wurde mir bewusst, was geschehen war.

Ich war die vergangenen Monate so darin vertieft gewesen, an mir selbst zu arbeiten, dass ich vergessen hatte zu leben. Ja, richtig gehört (oder gelesen in diesem Fall)! Ich hatte vergessen zu leben. Irgendwann hatte ich mich anscheinend nur noch darauf fokussiert, was ich in mir als Mangel wahrnahm. Was falsch war. Was erneuert gehörte. Was aufgearbeitet werden musste. Als bestünde das Leben nur aus harter Arbeit. Als wäre ich selbst einfach nicht genug. Was hatte ich da nur getrieben? Wohin hatte ich mich da selbst getrieben? Ich war schockiert. Gedrängt in ein Sein, dass sich eher nach halbtot anfühlte, als nach lebendig sein. Es war grauenhaft. All meine heißgeliebte

Begeisterung, der „Bumms" im Leben – es war weg. Einfach weg. Nichts mehr da.

In diesem Moment fühlte ich mich plötzlich leer. Wo war ich nur abgeblieben? Wo war ich hingegangen? Das innere Kind in mir, mit dem ich ebenfalls so hart gearbeitet hatte – es war wohl lieber schaukeln gegangen, als sich mit meinem ewigen Defizitgehabe rumzuschlagen.

Menno, war ich leer. Doch eines wurde mir mit einem Mal bewusst: Da gehört wieder LEBEN in die Bude!!! Jawohl! Zeit, das Glas wieder aufzufüllen! ♥

Womöglich bedingt hier das eine das andere: Wenn ich keine Maske mehr trage, bin ich lebendiger, freier. Oh ja. Es fühlt sich definitiv um ein Vielfaches besser an. Es fühlt sich leichter an. Ich selbst zu sein. Authentisch zu sein. Es ist so ein wunderschönes Gefühl.

Kaum zu glauben, dass ich bis vor kurzem noch Angst davor hatte. ;)

AUFERSTEHUNG

*Wenn wir allezeit schwer tragen,
werden wir uns durchs Leben plagen.*

*Darum: Erkenne was nicht mehr dienlich ist,
indem du wahrlich mit dem Herzen siehst!*

*Lass los, was dich nicht weiter belasten soll!
Entscheide im Leben stets verantwortungsvoll!*

*Vertraue deiner inneren Kraft und allem Sein!
Steh' auf, geh los – das wahre Leben ist dein!*

Kampflos

Manchmal erlebe ich einen starken inneren Kampf.
Ein Kampf, der jedoch keinen Sieger hervorbringt.
Darum lege ich mein Schwert nieder
und lasse meinen Geist zur Ruhe kommen.
Ein Unentschieden,
das mich zurück zu innerem Gleichgewicht führt.
Ein wahrer Krieger weiß, wann es Zeit ist,
die Klinge seines Schwertes ruhen zu lassen.

Es gleicht einem Unentschieden, das sich anfühlt, als würde ich nicht vorwärtskommen. Ich weiß, ich will nicht mehr zurück, doch weiß ich nicht, wohin ich gehen soll. So ruhe ich einfach in dem Moment. Lasse es einfach sein, so wie es gerade ist.

Ein Unentschieden bedeutet ja nichts anderes, als dass man sich weder für das eine, noch das andere entscheidet. Man weiß ja nicht, wofür man sich gerade entscheiden soll. Man weiß nur, was man oder wohin man nicht mehr will. Mir selbst wurde erst vor einiger Zeit klar, dass dieses gefühlte „Unentschieden" etwas sehr Positives in sich birgt. Es öffnet mich für weitere Möglichkeiten. Einerseits führt es mich zu mehr Gelassenheit, innerer Ruhe und Ausgeglichenheit. Ich nehme von mir selbst den Druck, mit Gewalt etwas zu entscheiden. Halte inne. Vertraue. Höre in die Stille. Andererseits ist es ein kleiner Widerspruch in sich. Denn auch wenn ich glaube, mich gerade für nichts Konkretes entscheiden zu können, so habe ich just in diesem Moment bereits eine unbewusste Entscheidung getroffen. Eine Entscheidung, die mich sehr wohl wieder ein Stück weiter bringt auf meinem Weg. Es ist die Entscheidung, in mir selbst wieder ein Gleichgewicht herzustellen. Die Entscheidung, in mir zu ruhen. Die Entscheidung, dem Prozess zu vertrauen. Unabhängig davon, ob ich sehen kann, wohin es mich führt.

Sobald wir aus unserer Mitte geraten und unsere Balance verlieren, beginnen wir zu schwanken. Wir taumeln hin und her, ohne recht zu wissen, wohin wir gehen. Zeitweise fühlt es sich an, als würde man auf der Stelle treten. Ein Loch in den Boden tretend und das so lange, bis wir selbst darin versinken.

Früher, wenn ich solche Momente für mich erkannt hatte, versuchte ich stets mit aller Gewalt, da rauszukommen. Dies war gelegentlich sehr schmerzvoll, denn diese Gewaltanwendung fiel letzten Endes nur auf mich selbst zurück. In allen möglichen Formen. Es tat so weh. Es war so ein schwerer Kampf, der mich Unmengen an Kraft und Energie kostete. Bis ich irgendwann schwach wurde, zu Boden fiel ...

Ich blieb einfach liegen in diesem Loch, das ich mit meinen eigenen Füßen ausgetreten hatte. Ehrlich gesagt, habe ich es gehasst. Ich hasse es, in diesem Gefühl zu leben immer wieder in dieses gleiche Loch zurückzufallen. Ich hasse es, so viel Kraft zu investieren, um aus diesem Loch wieder herauszukommen. Ich hasse es, dass sich das Leben so beschwerlich anfühlte. Was ich nicht wusste, war: Solange ich es nicht akzeptieren und annehmen konnte, für einen Moment in diesem Loch zu sein – solange wird dieses Loch mich immer wieder hinunterziehen. Ebenso durfte ich mir bewusst darüber werden, dass ich sehr wohl die Kraft besitze, um aus diesem Loch wieder herauszusteigen. Denn, anstatt meine ganze Kraft in dieses Loch zu investieren, könnte ich ja auch einfach mal meine Energie in mich selbst investieren. ;)

Heute macht es mir keine Angst mehr. Wie oft ich auch in dieses Loch gefallen und darin versunken war, wie oft ich mich auch darin verloren hatte, wie oft es mich auch zu Tode geängstigt hatte, wie sehr ich mich auch davon gefangen fühlte – heute fürchte ich es nicht mehr. Heute sehe ich das Licht, welches ich nach all den dunklen Momenten wieder erblicken durfte. Heute sehe ich, dass ich jedes Mal wieder auferstanden bin. Wie der

Phönix aus der Asche. Heute sehe ich, welche Kraft und Stärke ich in mir trage. Jetzt lebe ich!

Wären nicht all diese Zeiten gewesen, in denen ich wahrlich zutiefst gekämpft habe – ich hätte wohl meine wahre Stärke gar nicht erkannt. Hätte sie nie so sehen können, wie ich es heute tue. Und es ist ein wundervolles Gefühl zu wissen, dass man sein Schwert auch mal niederlegen darf. Das Leben ist eben nicht unbedingt ein einziger Kampf.

Auch aus all den durchlebten Kämpfen durfte ich sehr viel lernen. Jeder Kampf bringt etwas in einem selbst hervor. Etwas, das man zuvor gar nicht wahrgenommen hat. Jeder Kampf bietet einem die Möglichkeit, sich selbst zu erkennen, so wie man einfach ist. Den großen Unterschied macht das WIE. Wie führe ich diesen Kampf? Kämpfe ich gegen etwas? Kämpfe ich gegen etwas an, das in Wahrheit ein Teil von mir ist? Kämpfe ich mich hindurch, ohne wahrzunehmen, durch was ich mich kämpfe? Oder erlaube ich mir zu erkennen, dass das einzige, wogegen ich je gekämpft habe, ein Schatten meiner selbst ist? Doch einen Schatten zu bekämpfen ist so, als würde man sein Schwert gegen einen Geist erheben. Was würde dieser Kampf schon ausrichten? Man kämpft und kämpft und kämpft und kämpft, bis man irgendwann so sehr ermüdet, dass man erschöpft zu Boden fällt. Kein Wunder, denn wir haben all unsere Kraft in etwas investiert, dass keinen Gewinner hervorbringt. Maximal der Schatten ist der Gewinner, denn wie oft du auch auf in einschlägst mit deinem Schwert – es tangiert ihn peripher. Haha. Tja, du kannst ihn eben nicht zerschlagen. Du kannst ihn nicht töten. Du berührst ihn ja nicht mal. Der Schatten wird sich wahrscheinlich amüsieren. Schattenspiele, die dem Schatten vielleicht sogar Spaß machen. Die dir selbst allerdings nur eine Entkräftung bringen, die du dir echt hättest sparen können.

So viele Jahre habe ich selbst gegen Schatten gekämpft. Ich wollte, dass sie verschwinden. Doch so sehr ich auch kämpfte – diese lieben Schatten tauchten immer wieder auf, winkten mir mit einem verschmitzten Grinsen zu und warteten schon auf das nächste Spiel. Ich, in meiner alten Energie steckend, hob natürlich wieder mein Schwert und begann von Neuem, dagegen zu kämpfen. Wie eine Endlosschleife. Ich kämpfte, verlor meine Kräfte, versank in den Schatten meiner selbst. War zu Boden gedrückt. War am Ende. Bis plötzlich dieser kleine Funke in mir wieder zündete und ich wieder Fahrt aufnahm. Es dauerte, bis ich wieder voll zu Kräften kam. Doch irgendwann erstrahlte ich wieder, war stark und preschte im Leben nach vorne. So lange, bis da wieder dieser Schatten auftauchte. Ich zog abermals mein Schwert, und „Bamm!" ging ich schlussendlich wieder zu Boden. Entkräftet, erschöpft. Die ewig selbe Laier. Es dauerte allerdings, bis ich sah, dass dieses Wechselspiel zwischen Kampf, Erschöpfung, Auferstehung sehr wohl seinen Sinn hatte. Ich durfte erkennen, wann es sinnvoll ist zu kämpfen und wie viel Unterschied es macht, wofür man kämpft.

Diese Kämpfe gegen meine eigenen Schatten habe ich mittlerweile abgelegt. Heute arbeite ich mit diesen Schatten zusammen. Ich erlaube es ihnen, sich zu zeigen und in jenem Moment der Innenschau und Offenbarung hier zu sein. Sie stellen für mich nun eine Möglichkeit dar, belastende, alte, geprägte Muster und Sichtweisen zu erkennen. Sie helfen mir dabei, mich selbst zu erkennen. Sie helfen mir, meine Sicht auf das Leben und mich selbst zu verändern.

Von einer lieben Freundin habe ich im vergangenen Jahr ein Karten-Set erhalten, dass einerseits Archetypen aufzeigt und andererseits eben auch diese altbekannten Schatten. Wenn ich das Gefühl habe, irgendwas in mir möchte gesehen werden, nehme ich gerne diese Karten zu Hilfe und erlaube so dem Ganzen, sich zu zeigen. Ich erinnere mich noch an meine ersten Momente, in denen ich eine Schattenkarte gezogen habe. Anfangs war ich schockiert. Am liebsten hätte ich diese Karte schnellstmöglich wieder weggesteckt. Da tauchten Dinge auf, die man irgendwie gar nicht wahrhaben will. Es erscheint erschreckend. Doch je mehr ich mich mit diesen Karten vertraut gemacht hatte, umso leichter fiel es mir, die Schattenkarten auch anzusehen. Je mehr ich in mich hörte, umso bewusster wurde mir, dass es doch irgendwie stimmig war, was ich da gerade vor mir sah. Schwarz auf weiß, oder im Falle dieser Karten sogar in Farbe. :) Im Endeffekt eröffnen sie mir eine unglaublich wichtige Möglichkeit, mich selbst neu zu entdecken. Zu sehen, wie ich mich bisher gesehen habe. Zu sehen, dass sich diese Ansicht nicht gut anfühlt. Zu sehen, was gesehen werden möchte, um es dankbar anzunehmen und für einen Sichtwechsel zu nutzen.

Die Karten sprechen oft davon, einen Schattenanteil zu integrieren. Was nicht bedeutet, dass wir weiterhin als dieser Schattenanteil leben müssen. Das Schöne im Leben ist diese erhaltene Entscheidungsfreiheit, gekoppelt mit unserem freien Willen. Wir dürfen und können selbst entscheiden, wie wir leben, was wir leben und wohin wir gehen. Vor allem in Momenten, in denen wir uns machtlos fühlen, ist es umso wichtiger, sich ins Bewusstsein zu rufen, dass wir in Wahrheit sehr kraftvolle Lebewesen sind. Mit einem freien Willen, der uns selbst erlaubt, Entscheidungen zu treffen.

Wie in diesen Coronazeiten eben. Corona ist jetzt da. Aus welchem Grund auch immer. Definitiv allerdings nicht grundlos. Die Frage ist: Was machen wir selbst aus dieser Situation?

In meinem Fall nutze ich die gegebenen Umstände, um endlich mal etwas zu tun, das mich schon mein Leben lang gerufen hat. Ich schreibe einfach ein Buch. All das, was durch und mit Corona im Außen passiert, was es hervorruft, all dem erlaube ich in diesen Zeiten, aus mir selbst heraus Ausdruck zu finden. Die Konfrontation mit Angst, der Umgang mit Veränderung, die Begegnung mit mir selbst. Alte Prägungen und Glaubensmuster, die sich zeigen, denen ich nun die Möglichkeit gebe, sich zu wandeln. So wie ich mich selbst mit dem Schreiben dieses Buches wandeln darf. Zu dem, was ich bereits von Geburt an in mir trage, mir aber bisher nie erlaubt habe, es zu leben. Zu dem, was ich so lange als wertlos und klein angesehen habe. Zu mir selbst. Kunterbunt und farbenfroh wie der Regenbogen, der Himmel und Erde verbindet. Was hätte es mir gebracht, einfach gegen diese neuen Umstände, die Corona hervorgebracht hat, anzukämpfen? Es hätte mich nur unglaublich viel Kraft gekostet.

So erfahre ich diese neue Zeit als eine Offenbarung und als Möglichkeit der Auferstehung. Mein Schwert ruht. Und so ruhe auch ich selbst heute, in diesem Moment. Es gibt gerade kein Hin-und-Hergerissen-Sein. Ich genieße es einfach, hier zu sein und liebe es, dieses Buch zu schreiben. Ich liebe den Weg, den ich durch dieses Buch gehen darf und ich liebe es, diese Momente mit Euch zu teilen. Da ist keine Angst mehr, etwas falsch zu machen. Ich mache es einfach. Ich schreibe, und ich zeige mich. Was für ein wundervolles Gefühl. Es berührt mich zutiefst. Es bewegt mich. Ich empfinde Demut und Dankbarkeit, fühle mich geborgen. Tränen rollen über meine Wangen. Es ist so ein unbeschreiblich schönes Gefühl. So unbeschreiblich schön … ♥

Passend dazu steht Ostern vor der Tür. Zeit, die Tür zu öffnen und das Leben einfach hereinzulassen! :)

Lebenswert

Loslassen ist lebenswert.
Entscheide selbst!

Es mag wohl kaum verwunderlich erscheinen, dass gerade heute dieses Thema „leben und sterben" aus mir hervorruft. Es ist Karfreitag! Ein Tag, der sich sehr bewusst mit dem Sterben befasst. Viel wundersamer ist jedoch die Musik, die ich für meine heutigen literarischen Ergüsse auserwählt habe. Ich höre keine schwere, traurige Musik. Musik, die wir vielleicht in Verbindung damit bringen würden, wenn jemand Geliebtes aus unserem Leben tritt. Nein, es ist eine entspannte, fröhliche Musik. Und ich finde es ehrlich gesagt toll! In Anbetracht dessen, dass der Tod, rein gefühlt, unser Leben lang schwer auf unseren Schultern lastet, fühlt es sich in diesem Moment einfach leicht für mich an.

Wir alle wurden bestimmt schon öfter in unserem Leben mit dem Tod konfrontiert. Sei es, dass wir selbst knapp am Grat zwischen Leben und Tod standen oder aufgrund des Verlustes von Menschen und anderen Lebewesen, die aus unserem Leben getreten sind. Der Abschied ist hier oft schwer zu bewältigen. Dieses Gefühl der abrupten Leere, die sich in uns breitmacht – es ist grauenvoll, schmerzvoll und gar nicht so leicht, diesen Riss in unserem Herzen heilen zu lassen.

In meinem bisherigen Leben war allerdings der Tod selbst nie etwas, das mir Angst gemacht hat. Dieses Wissen, dass wir alle irgendwann sterben werden – es ist für mich stets etwas, das auch zum Leben gehört. Ich selbst habe ganz großartige Menschen bereits auf die unterschiedlichsten Weisen verabschieden dürfen. Manche waren nur kurz in meinem Leben, bevor sie aus diesem Leben traten. Andere wiederum waren für sehr lange Zeit liebevolle Wegbegleiter. Manchmal passierte es, dass ich Menschen begegnete, die gefühlt irgendwie schon bereit waren zu gehen, aber irgendetwas hielt sie noch zurück. Schuldgefühle oder irgendetwas, womit sie noch nicht abgeschlossen hatten. Kurze Zeit nach unserer Begegnung erhielt ich dann die Botschaft, dass genau jener Mensch sich nun auf seine nächste Reise begeben hat. Manchmal traf ich Menschen, die ebenso mit dem Leben kämpften, wie ich selbst es lange Zeit getan hatte. Sie führten diesen mir so bekannten inneren Kampf – immer und immer wieder. Allerdings kann man für jemand anderen nicht den Schritt raus aus dem Ganzen machen. Man kann ihnen nur mit Mitgefühl und Verständnis beggenen, ihnen die Hand reichen. Doch diesen einen wichtigen Schritt – man kann es ihnen nicht abnehmen. Daher blieb es leider auch für mich nicht aus, Menschen auf eine sehr tragische Weise zu verabschieden. Sie entschieden sich gegen das Leben. Taten den Schritt in die andere Richtung und entschieden sich für den Tod.

Allerdings gab es auch jene Momente, in denen sehr wohl ein Mensch meine Hand ergriff und diesen entscheidenden Schritt zurück ins Leben wagte. Lange Zeit habe ich mich gefragt, ob ich überhaupt das Recht dazu hatte, in so einem Moment einschneidend einzugreifen und durch mein Handeln, diese Reise in den Tod zu verhindern. Später wurde mir bewusst, dass es gut war, ohne zu zögern gehandelt zu haben. Manche Menschen stehen einfach an der Kippe. Etwas in ihnen will leben, aber da sich dieses Leben so schwer und erdrückend anfühlt, sind sie dazu geneigt, dem einfach ein Ende zu setzen. Niemand will sein Leben lang leiden. Niemand will diesen inneren Schmerz ein Leben lang mit sich tragen. Und wenn man so viele Jahre lang kaum etwas anderes gesehen hat, ist es nicht verwunderlich, dass die Hoffnung mit der Zeit schwindet.

Hoffnung ist in meinem Fall jedoch etwas, das immer wieder aufgeblitzt ist. Irgendwann nach all dem Leiden und dem Zusammenbruch sah ich in weiter Ferne einen Hoffnungsschimmer. Ein Leuchten, so hell, dass ich plötzlich wieder Mut fasste, mich aufzuraffen und weiterzugehen.

Heute trage ich meine Narben aus diesen Zeiten sichtbar. Ich habe kein Bedürfnis mehr, sie zu verstecken. Es gibt für mich keinen Grund mehr das, was geschehen ist, zu verleugnen. Hinzu kommt, dass diese Narben mir jetzt keine Angst mehr machen. Sie erinnern mich zwar daran, was war. Sie erinnern mich an den Schmerz und das Leid, an die qualvollen Abschnitte meines Lebens. Es ist für mich mittlerweile aber einfach in Ordnung. Ich weiß, was ich alles durchlebt und erfahren habe, doch ich habe beschlossen, nicht wieder dahin zurückzukehren. Dafür liebe ich meine neu gewonnene Lebensfreude umso mehr.

Manchmal kommt es allerdings noch immer hoch, und ich fühle es, so wie damals, doch ich weiß: Ich muss nicht darin steckenbleiben! Ich muss nicht mehr darin verweilen, bis all meine Lebensfreude wieder versickert. Ich erlaube mir mittlerweile frei zu entscheiden, in welcher Energie ich mich gerade befinden will. Ich entscheide mich, in welche Richtung ich gehe, und ich übernehme endlich Verantwortung FÜR mein LEBEN. :)

Der Karfreitag ist ein wundervoller symbolischer Tag dafür. All die Lasten, dieses schwere Kreuz, das wir stets mit uns rumgetragen haben – warum nicht einfach mal all diese Lasten ans Kreuz nageln und dieses Kreuz dann einfach stehenlassen? All das, was für einen selbst das Leben erschwert hat – wir können es wandeln, transformieren. Es obliegt immer unserer eigenen Entscheidung.

Diese Sache mit dem Transformieren und Loslassen – sie klingt immer so einfach. So quasi: Na, wenn du es nicht mehr tragen willst, dann leg es einfach ab. Wenn es dich belastet, dann lass es einfach los. Manchmal scheint es wahrlich absurd, dass es so einfach sein soll. Doch das liegt nur daran, dass alles einen gewissen Prozess durchläuft. Wir Menschen brauchen dafür oft etwas Geduld, um es schrittweise zu machen. Ist ja auch kein Wunder. Wenn du über längere Zeit immer etwas bei dir hast, was zu einem Teil von dir selbst geworden ist, dann füllt es etwas in einem. Und es macht uns wahrscheinlich viel eher Angst, wenn es nicht mehr da ist, als dass wir es einfach loslassen könnten. Wir haben Angst davor, wenn es nicht mehr da ist, dass wir dann nicht mehr vollständig sind. Das lässt sich auf geliebte Menschen, auf Gewohnheiten, sogar auf die skurrilsten Süchte beziehen.

Wir Menschen halten womöglich einfach so lange an etwas fest, bis wir selbst dazu bereit sind, dieses Loch, diese entstandene Leere durch das, was wir gehen ließen, für uns selbst und aus unserer eigenen inneren Kraft heraus wieder aufzufüllen. Hierzu fällt mir eine schöne Erinnerung aus meinem Leben ein ...

Im Jahr 2015 durfte ich einen Menschen kennenlernen, der just in dem Moment, in dem wir uns begegneten, einen Platz in meinem Herzen erhielt. Ein Mann, der erst ein paar Monate zuvor von Deutschland zu uns nach Österreich gekommen war. Ein Mann, der mir vom ersten Augenblick an sehr vertraut erschien. Ein Mann, der mich ein Stück weit auf meinem Lebensweg begleitete.

Uns beide verband so vieles, und wir spürten beide diese tiefe Verbindung. Es ist nur manchmal etwas verwirrend, wenn man jemanden so schnell in sein Herz schließt und so gerne hat, sich einzugestehen, dass dies allerdings nicht der heiß ersehnte Lebenspartner ist. Zumindest wahrzunehmen, dass eine Partnerschaft für uns beide nicht förderlich gewesen wäre. Wir hatten beide etwas zu lernen und aufzufüllen in uns selbst. Wären wir tiefer in eine Beziehung gegangen, wären wir wahrscheinlich in einer gewissen Abhängigkeit gelandet, da ja der andere so schön das ausgefüllt hätte, was wir uns selbst nicht zu geben bereit waren. Auch eine enge Freundschaft war nach einer Weile nicht möglich. Wir stritten einige Male. Sehr emotionale Streitereien. Es war einfach wichtig für uns beide, dass wir unseren eigenen Weg unabhängig voneinander weitergingen.

Während unserer gemeinsamen Zeit erhielt ich zwei für mich sehr wertvolle Geschenke von ihm. Eines dieser beiden war eine Art Gebetszettel, der in Italienisch geschrieben war. Es war so eine kleine aufklappbare Karte, die man einfach in die Geldtasche stecken konnte. Das Gebet und die Danksagung richteten sich an Padre Pio. Pater Pius, zu Deutsch, wurde in Italien heiliggesprochen. Seine Wunder, die er vollbrachte, kann man im Internet überall nachlesen. Es heißt auch, dass er im Laufe seines Lebens irgendwann die Wundmale Jesu auf seinem Körper trug. Die sind da plötzlich einfach aufgetaucht. Na, sowas aber auch. ;) Was ich auch noch in Erinnerung habe ist, dass man die Anwesenheit dieses Heiligen an einem Duft erkannte. Padre Pio konnte an mehreren Orten gleichzeitig sein, oder auch irgendwo sein, wo er körperlich allerdings gerade nicht anwesend war. Es mag ein Hirngespinst für viele sein. Für mich ist es nichts Unmögliches. Jedenfalls trug er einen Veilchenduft mit sich. Menschen berichteten davon, dass es in seiner Anwesenheit nach Veilchen roch. Ist doch schön. Veilchen sind wundervoll. Sie stehen für Demut, Bescheidenheit, Frühling, Hoffnung, Liebe, Treue und Fruchtbarkeit. In deutschen Sagen heißt es sogar, dass das Veilchen jene Blume ist, die verborgene Schätze anzeigt. Eine schöne Vorstellung.

Da fällt mir gerade ein, dass ich erst gestern bei meinem Spaziergang eine ganze Ansammlung von Veilchen am Wegesrand entdeckt habe. Ist das nicht herrlich? ♥

Um auf diesen Gebetszettel zurückzukommen: Dieser besagte Freund hatte diesen Zettel 20 Jahre lang immer bei sich. Es war sein „Schutzbrief" und ein treuer Begleiter für ihn. In einem Moment des offenen Gespräches zwischen uns beiden zog er plötzlich diesen Zettel aus seiner Brieftasche hervor und gab ihn mir. Er meinte, ich würde ihn nun eher brauchen als er. Wow! Was für ein ehrenvolles Geschenk. Ich war sprachlos und zutiefst bewegt von dieser liebevollen Geste. Der Zettel kam von diesem Zeitpunkt an in meine Geldbörse. Ein paar Wochen später habe ich ihn sogar in Klarsichtfolie eingeschweißt, damit er ja heil bleiben möge. Immer mal wieder zog ich ihn aus der Geldtasche und betrachtete das Bild, das vorne aufgedruckt war. Manchmal las ich auch, was darin stand. Egal ob ich wusste, was dieser italienische Text bedeutete oder nicht – Es fühlte sich einfach gut an, es zu lesen.

Das zweite Geschenk war ein Armband, das er mir zum Geburtstag schenkte. Es war ein einfaches Modeschmuck-Armband. In schwarz, mit goldenen, silbernen und bronzenen Applikationen darauf. Total einfach gestrickt. Mir gefiel es ausgesprochen gut, und er wollte es mir unbedingt schenken. Auf dem Armband waren die Worte „Love, Hope und Happiness" gedruckt. Liebe, Hoffnung und dieses wundervolle Glücklichsein, von dem immer so viel geredet wurde.;) Ich liebte dieses Armband. Es war wie ein Mantra, das ich um mein Handgelenk gewickelt trug.

Love * Hope * Happiness

Ausgestattet mit zwei wunderbaren Geschenken, veränderte sich unsere gemeinsame Zeit. Wir gingen separate Wege, ohne jeglichen Kontakt. Anfangs wollte ich ihm seinen Zettel wieder zurückgeben. Er nahm ihn aber nicht mehr zurück. So begleitete mich dieser großartige und liebenswerte Mensch weiterhin. Wenn auch nicht physisch gesehen. Doch er war bei mir. In meinem Herzen und all diese Wertschätzung und Liebe, die ich für ihn empfand, blieben weiterhin bestehen. Ich weiß, dass auch er oft an mich dachte. Ich weiß, als wie besonders er diese Verbindung zwischen uns beiden wahrnahm, denn mir erging es nicht anders. Er fand einige Zeit später eine liebe Frau, die mit ihm Seite an Seite durchs Leben spazierte. Ich freute mich so für ihn. Ich war glücklich, weil ich spüren konnte, dass auch er glücklich war. Es war ein so schönes Gefühl.

Im darauffolgenden Jahr passierte dann plötzlich etwas sehr Überraschendes. Dieser „Schlawiner" hatte doch tatsächlich einen Spruch, den ich auf WhatsApp als Profilbild verwendete, geklaut und diesen bei seinem eigenen Profilbild eingefügt. Es war ein Spruch auf violettem Hintergrund. „If nothing goes right, go left". Dieser Satz stand auf einem meiner Notizbücher. Und wie aus dem Nichts entdeckte ich ihn auf einmal in dem Profilbild dieses Freundes. Ich lachte, ließ es mir nicht nehmen, drauf zu reagieren und schrieb ihn an.

So kamen wir wieder in Kontakt. Der Austausch zwischen uns beiden fühlte sich gut an. Wir waren anscheinend beide gerade an einem Punkt in unserem Leben angelangt, an dem wir einfach glücklich waren – mit dem Leben, mit uns selbst. Es war schön, dies mit ihm zu teilen. Beide waren wir so von Begeisterung und Freude über dieses Wiedertreffen erfüllt, dass wir gleich mal eine Verabredung für die darauffolgende Woche klarmachten ...

Tja, was dann passierte, hatten wir beide jedoch nicht verabredet. Nicht geplant. So rasch stürzt man von Freude und Begeisterung radikal hinab in Entsetzen und Trauer. Zu unserem geplanten Treffen kam es leider nicht mehr. Er verstarb wenige Tage nach unserem wiedergefundenen Kontakt. Leise, still und heimlich trat er mit einem Ruck aus dem Leben. Da war nichts mehr mit austauschen, plaudern, gemeinsam Zeit verbringen. Er war weg. Einfach gegangen. Ich erinnere mich noch an dieses Gefühl, das mich überkam, an dem Tag, an dem er starb. Ich wusste es zu diesem Zeitpunkt noch nicht offiziell, doch irgendetwas schmerzte in mir. Es machte mich traurig. Irgendetwas war geschehen. Ich konnte es fühlen. Ist wohl nicht verwunderlich, so etwas wahrzunehmen, wenn man mit einem Menschen eine so tiefe Verbindung hat. Man spürt es einfach irgendwie.

So sehr ich seinen Verlust auch betrauerte, so sehr erleichterte es alles ein klein wenig, dass wir davor doch nochmal miteinander in Kontakt waren. Zu sehen und zu spüren, dass es ihm gut ging und er zufrieden war mit seinem Leben – es erleichterte das Ganze einfach. Es schien, als hätte er mit allem Frieden geschlossen. Mit seiner Vergangenheit, mit all dem, was vorgefallen war. Er war glücklich, bei jenen Menschen zu sein, die seine Familie sind. Er hatte Frieden geschlossen mit sich selbst. „Weißt du eigentlich, was für eine unglaublich kraftvolle und großartige Tat das ist, mein Lieber? Einfach wundervoll!"

Nach seinem Tod erlaubte ich mir zu trauern. Ich trauerte um seinen Verlust, und ich trauerte mit seiner Familie. Manchmal weinte ich eine Zeit lang, manchmal holte ich seine Geschenke hervor und tauchte in die gemeinsamen Erinnerungen ein. Es ist wichtig, sich diese Zeit des Trauerns zu erlauben. Wir sind nun mal Menschen, und wir haben Gefühle, und wenn jemand stirbt, ist es vollkommen natürlich, dies zu betrauern. Irgendwann allerdings sollte man auch lernen, loszulassen. In seinem Falle fiel mir dies überaus schwer. Es wurde mir erst so richtig bewusst, als ich wenige Wochen nach seinem Tod dieses wertvolle Armband plötzlich verlor. Gott, ich konnte es nicht ertragen, dass ich einfach so unachtsam gewesen war und es nicht bemerkt hatte, als es von meinem Handgelenk fiel. In mir brach neuerlich eine Welt zusammen. Jetzt hatte ich diesen wunderbaren Menschen verloren, warum dann auch noch dieses mit vielen Erinnerungen verbundene Armband? Ich wollte nicht, dass es weg war. Verzweifelt suchte ich im Internet nach genau demselben Armband. Diese Leere auf meinem Handgelenk. Es war schier unerträglich. Doch ich konnte keines finden, das genauso aussah, wie jenes, welches er mir geschenkt hatte. Dieser Verlust ließ mir einfach keine Ruhe. Jeden Abend betete ich, dass es wieder zu mir zurückkommen möge. Ich betete. Ich war noch nicht bereit, es loszulassen. In diesem Sinne wahrscheinlich viel eher, ihn loszulassen. Dann geschah ein Wunder …

Er hat meine Gebete wohl erhört. Zwei Wochen vor meinem nächsten Geburtstag war ich an Ort und Stelle, wo mich dieses besagte Armband damals gefunden hatte. Es war allerdings nicht das gleiche Geschäft, in dem mich eine Überraschung erwartete. Es war stattdessen ein einfacher Geschenkeladen, und ich war auf der Suche nach einem Geschenk für eine Freundin. Ich stöberte in dem Laden. Da erblickte ich plötzlich diesen Schmuckständer. Armbänder hingen darauf. Armbänder mit denselben Applikationen und dem Aufdruck LOVE * HOPE * HAPPINESS *. Ich traute meinen Augen nicht. Da war es. Einfach so. Ganz unerwartet baumelten diese Armbänder vor meiner Nase. Ich war überwältigt.

Doch eine Sache war noch nicht stimmig. Die Farbe der Armbänder. Es gab weiße und graue und braune aber kein schwarzes. Warum um alles in der Welt denn nicht einfach auch ein schwarzes? Es war nicht das, wonach ich gesucht hatte. Ich wollte dieses eine Armband zurückhaben. Dieses eine Spezielle. So ging ich rüber zu der Verkäuferin und fragte, ob sie denn noch andere von diesen Armbändern hätte. Vielleicht in Schwarz? Die Verkäuferin bezweifelte, dass bei den restlichen Stücken überhaupt welche mit schwarzem Band dabei wären. Aber sie sah nach, kramte in ihrer Lade, und siehe da – ein einziges Stück mit schwarzem Band. Oh Gott! Wie genial war das denn? Ich war so bewegt in diesem Moment, dass ich beim Bezahlen mit den Tränen kämpfte. Da war es wieder. Dieses Geschenk eines lieben Menschen, den ich doch so sehr vermisste.

Keine Ahnung, wie oft ich mich dafür bedankte. Ich war einfach so dankbar dafür, es wiedererhalten zu haben. Und es half mir, innerlich zur Ruhe zu kommen. Auch wenn er nicht mehr hier unter uns in diesem Leben weilte, so spürte ich noch immer diese intensive Verbindung zu ihm, und ich wusste, er wachte noch für eine Weile über mich. Einfach so lange, bis ich bereit war, ihn loszulassen.

Dieser Mensch hatte mir so viel mehr geschenkt als nur ein Armband und einen Gebetszettel. Er beschenkte mich mit genau diesen Worten, die ich dank dieser Gegenstände immer wieder vor mir hatte. Wenn ich zweifelte, mich allein fühlte, mich verloren fühlte, verängstigt war – egal was – durch diesen Engel an meiner Seite erhielt ich jedes Mal wieder aufs Neue Kraft und Hoffnung, um in diese Liebe und dieses Glück einzutauchen. Mir war sehr wohl damals schon bewusst, dass es irgendwie irrsinnig ist, an Gegenständen festzuhalten. Woran ich jedoch in Wirklichkeit festhielt, war er. Es war, als würde ich ihm noch immer eine Aufgabe zuteilen, die ich mir selbst einfach nicht zutraute. Eine Aufgabe, die ich dachte, nur mit seiner Hilfe bewältigen und erfüllen zu können. Ich brauchte ihn noch immer. Und er? Ob im Himmel oder auf Erden, er tat stets sein Wunder. ♥

Ehrlich gesagt, hätte ich nie gedacht, dass es für mich ganze drei Jahre dauern würde, bis ich endlich dazu bereit war, ihn gehen zu lassen. Auch wenn ich das Armband nicht mehr trug und den Gebetszettel kaum mehr aus meiner Geldbörse holte, es

dauerte echt eine Weile, um mich tatsächlich zu verabschieden.
Im vergangenen Jahr war ich dann soweit. Ich fuhr zu seinem Grab, zündete eine Kerze an und band das Armband um diese Kerze. Es fühlte sich gut und richtig an. Irgendwie auch plötzlich so leicht. Ich bedankte mich nochmals bei ihm für alles, schickte ihm meine ganze Liebe und Wertschätzung und wünschte ihm eine gute Reise.
Was mit dem Gebetszettel passiert ist? Nein, den trage ich auch nicht mehr bei mir. Denn nachdem ich losgelassen hatte, verschwand auf wundersame Weise wenige Wochen später meine gesamte Geldtasche und mit ihr auch dieser Zettel. ;)

Heute brauche ich diese Gegenstände nicht mehr. Manchmal, so wie jetzt, erinnere ich mich einfach an die gemeinsamen Erlebnisse im Leben und über den Tod hinaus. Und ich erinnere mich nicht mehr wehmütig oder mit Schmerz daran. Nein, ich erinnere mich mit einem Lächeln im Gesicht, in Liebe und Dankbarkeit für dieses gemeinsame Sein.

In mir habe ich schon immer diese Schätze getragen. Doch ich hielt sie stets verborgen. Aus Angst, sie zu zeigen. Du mein Lieber, hast diese Schätze in mir immer gesehen. Du hast immer an mich geglaubt und gewusst, ich würde es irgendwann aus eigener Kraft heraus, mit Mut und voll Vertrauen schaffen, mich zu öffnen und diese Schätze ans Licht zu lassen. Und soll ich dir was sagen? Du hattest recht. Gott, du hattest sowas von recht! Vielen Dank, für die Blumen!

Ist schon irgendwie interessant … dieses Leben, Sterben und über den Tod hinaus …
Fest steht: Heute ist Karfreitag, Baby, und ich habe megamäßig Bock, von den Toten aufzuerstehen, in meinem vollen Licht zu erstrahlen und in all meinen Farben zu glänzen! Und das nicht nur für mich selbst. Am liebsten für die ganze Welt und das ganze Universum. :) Auch für all jene, die nicht mehr hier auf Erden wandeln. Für alle, die ihre Reise zu den Sternen angetreten haben. Für all jene, die Spuren der Liebe in unseren Herzen

hinterlassen und unsere Herzen zu tiefst berührt haben. All Ihr lieben Seelen, die Ihr dieses Leben nun verlassen habt, danke, dass Ihr uns ein Stück weit begleitet habt! Danke all jenen, die nun in anderen Sphären über uns wachen! Danke Euch allen!

In Zeiten wie diesen, wo dieser Coronavirus uns die Vergänglichkeit vielleicht ein Stück weit näher bringt – in diesen Zeiten können wir uns des Lebens selbst etwas mehr bewusst werden. In diesen Zeiten fällt es uns vielleicht leichter, den Wert dieses Lebens neu wahrzunehmen. Wie unbegreiflich es für uns auch sein mag – dieser Wandel zwischen Geburt, Leben und Tod ist nun mal Teil des großen Ganzen. Das Leben selbst ist ein Geschenk, dessen Wert ich selbst leider bisher nicht zu schätzen gewusst habe. Jeder einzelne Moment hier ist wertvoll. Jede Begegnung, jede Beziehung, alles was wir hier erleben dürfen, was wir hier erschaffen können. Es ist wahrlich ein Geschenk.

Und ich, ich bin dankbar, endlich im Leben angekommen zu sein! Nach 33 Jahren fühle ich mich heute, hier und jetzt von Herzen so richtig lebendig. Es ist ein überwältigendes Gefühl. Ein Gefühl, das ich zum ersten Mal einfach nicht in Worte fassen kann. Dass es so etwas gibt! Da schreibe ich ein ganzes Buch, und mir fehlen plötzlich die Worte. Man muss es wohl einfach selbst erleben! ;) Viel Freude dabei! ♥

Schwungvoll

*Ein gefühlvoller Schwung im Leben
kann schon mal ordentlich Aufschwung geben.
Doch wähle den Schwung stets mit Bedacht!
Unachtsam man geschwind zu Boden kracht.*

Na, dann … schwinge ich mich mal dementsprechend ein, um das Baby zu schaukeln!

Manch einer mag mit dem Wort „Schwingung" schon etwas anfangen. Andere haben vielleicht dieses Schwingungsgelaber satt oder sich noch nie damit auseinandergesetzt. Was soll das überhaupt heißen „sich einschwingen"? Was hat es mit dieser Schwingung auf sich? Was um alles in der Welt ist Schwingung überhaupt?

Tja, sorry ihr Lieben! Ich bin keine Wissenschaftlerin, die für alles handfeste Beweise parat hat. Vielmehr bin ich einfach ein Gefühlsmensch, nahezu feinfühlig, und ich lerne erst, mit diesen Gefühlswahrnehmungen umzugehen. Auf die Frage, was Schwingung ist, würde ich in diesem Fall antworten: Alles ist Schwingung! Alles ist Energie! Alles schwingt, in welcher Schwingung auch immer. Es mag irgendwie verwirrend klingen, aber ziehen wir hierzu mal zwei Beispiele aus der Begegnung mit anderen Menschen heran:

Situation A:
Ich begegne jemandem, der sich über das Leben beklagt. Alles ist so schwer. Nichts klappt richtig. Man kommt nicht weiter. Die Arbeit ist scheiße. In der Partnerschaft streitet man sich andauern. An allen Ecken und Enden hakt es irgendwie. (Vielleicht kennt Ihr solche Begegnungen aus Euren eigenen Erfahrungen. Dann zieht die gerne als Beispiel heran!)

Wenn ich mich jetzt in diese Situation hineinversetze – was fühle ich dabei? Fühle ich mich leicht und lebendig und lebhaft? Wirkt dieser Austausch wie ein „Kraftbooster" für mich? Fühle ich mich beschwingt oder eher schwunglos? Was macht es in einem selbst?

Österreicher sind ja bekannt als Jammervolk. Dauernd drückt der Schuh. Nichts passt so, wie es ist. Alles könnte immer besser sein. Es scheint, als wären Österreicher ein sehr unzufriedenes Volk. Un-zu-Frieden – die Menschen finden einfach keinen Frieden in sich selbst. Ist ja logisch, oder? Wenn ich stets das Außen für mein eigenes Befinden verantwortlich mache. ;)

Zurück auf diese gegebene Situation eingehend: Was erzeugt diese Situation in einem? Was passiert hier in dir selbst? Ich kann ja bekanntlich nur von mir sprechen. Daher wäre meine klare Wahrnehmung in diesem Fall: „Menno, ist das bedrückend hier! Als hätte mir gerade jemand einen Zementsack auf den Kopf gelegt. Alter Falter, fühlt sich das schwer an! Ich habe kaum noch Luft zum Atmen. Mir geht die Puste aus, wenn ich diesen Sack da noch länger auf mir abgeladen lasse." Dieser Zementsack ist nichts anderes als die Schwingung, die mein Gegenüber gerade sehr unliebsam auf mich abgefeuert hat. Diese bedrückte Stimmung von ihm konnte ich ganz plötzlich in mir spüren. Und es sei gesagt: Nein, das fühlt sich echt nicht gut an!

Das Schöne an diesem Schwingungsding ist allerdings, dass ich selbst immer die Entscheidungsfreiheit habe, was ich mit der entgegenkommenden Schwingung mache und für welche Schwingung ich mich selbst entscheide. Fühlt sich eine ausgesendete Schwingung nicht gut an, kann man sich ganz einfach entscheiden, diese nicht zu übernehmen. Man darf wahrnehmen, dass sie da ist und kann sie getrost einfach sein lassen. Wichtig ist in diesem Moment, für sich selbst zu entscheiden – wie will ich gerade schwingen? Schwungvoll und mit Leichtigkeit wie ein Kind auf einer Schaukel oder schwerfällig wie ein alter Packesel, der das Gewicht, dass er mit sich rumschleppt, nicht mehr ertragen kann?

Situation B:
Hauchen wir unserer neuen Begegnung mal etwas Fröhlichkeit und Lebensfreude ein. :)

Ich begegne jemandem, der über beide Ohren strahlt. Voller Begeisterung erzählt mir mein Gegenüber, dass er die vergangenen Monate in einem anderen Land verbracht hat, und es war einfach großartig. Es war das Land, welches er schon sein Leben lang einmal besuchen wollte. Er fühlte sich immer irgendwie damit verbunden. Er hat dieses Land schon immer geliebt, obwohl er bis vor kurzem noch nie dort gewesen war. Und vor ein paar Monaten hat er einfach beschlossen (eine bewusste Entscheidung getroffen), dass er es jetzt einfach macht. Er hat sich seinen größten Traum erfüllt und war einfach nur bewegt von all der Erfahrung, die er aus diesen Erlebnissen mitnehmen durfte. Er sagte mir, es habe sich angefühlt, als würde er endlich zu Hause angekommen sein. Ist doch nachvollziehbar, wenn man davon ausgeht, dass zu Hause dort ist, wo das Herz ist bzw. zu Hause kein bestimmter Ort, sondern einfach ein Gefühl ist. Laut seinen Erzählungen war er definitiv mit Herz und Seele dort und trägt dieses großartige Gefühl weiterhin in sich. (Wenn Ihr bereits ähnliche Erfahrungen machen durftet, geht mal in dieses Gefühl hinein. Wie fühlt es sich an, wenn Ihr heute noch daran denkt? Ist es nicht wahrhaft schön? Also ich liebe es einfach!)

Kehren wir wieder hin zu dieser soeben erlebten Begegnung. Wie fühlt sich eine solche Begegnung an? Fühlt man in so einem Moment auch diesen schweren Zementsack auf sich lasten? Wohl kaum. Es ist womöglich gegenteilig. Diese Schwingung be-schwingt einen selbst, wenn man es so will. Wie schon erwähnt: Wir haben immer die freie Wahl, wofür wir uns entscheiden!

Menschen, die mit absoluter Begeisterung von sich und ihrem Leben, ihren Erlebnissen erzählen sind für mich absolute „Energiebooster". All das, was sie in diesem Moment ausstrahlen, beflügelt mich selbst immer total. Herrlich, solche Begegnungen. ♥

Allerdings bin ich der Meinung, dass es immer von einem selbst abhängt, womit man in Resonanz geht. Ich kann vielleicht diese Begeisterung und diese Freude gar nicht nachvollziehen, weil ich dieses Gefühl selbst noch nie so wahrgenommen und erlebt habe. So ist es bei allem im Leben. Wie soll man wissen, wie sich etwas anfühlt, wenn man das doch noch gar nicht erlebt hat?

Bei mir selbst fühlt es sich mittlerweile recht einfach an. Ich habe gefühlt, die gesamte Gefühlspalette durchlebt. Alles, was so da ist. Ich bin überall eingetaucht. Ich habe das Leben wahrlich in seiner Ganzheit erfahren. Und alles, was ich in diesem Leben nicht erlebt habe, da habe ich mir die Erlebnisse aus vergangenen Leben hergeholt. Ob man daran glaubt oder nicht. Für mich ist das eine glasklare Sache! Nochmal: Wie kann ich etwas fühlen, dass ich noch nie erlebt habe? Meines Erachtens ist das nicht möglich. Also muss es doch irgendwo her kommen. Darum beziehe ich das ganz einfach auf vergangene Erfahrungen aus vergangenen Leben. So ist das für mich.

Gelesen? Für mich! Also: Meine Wahrnehmung! Du musst nicht damit übereinstimmen oder übereinschwingen. Immer so, wie es für einen selbst passt. Ein Hoch auf die Entscheidungsfreiheit! :)

Also gut. Dann lasst uns mal weiterschwingen …

In Zeiten, in denen Corona scheinbar gerade die ganze Menschheit beherrscht und die Menschheit versucht, Herr über diesen Corona-Virus zu werden, ist es nicht immer so leicht, sich selbst in eine Wohlfühl-Begeisterungs-Auftrieb-Schwingung zu bringen. Für mich stellt es nicht unbedingt immer ein Problem dar, mir selbst Aufschwung zu verleihen. Es gibt so unzählig viele Möglichkeiten, wie das mit Leichtigkeit geschehen kann.

Mir genügt es zum Beispiel, einfach die passende Musik zu hören. Auf meinem Handy habe ich eine Playlist (also eine Wiedergabeliste) abgespeichert die „Flow" heißt, was übersetzt Fluss, Bewegung, Fließen bedeutet. Diese Playlist enthält Lieder, bei denen ich gar nicht ruhig sitzen kann. Die treiben mich so an, dass alles in mir in energievolle, herrliche Bewegung tritt. Wenn ich beispielsweise diese Songs während dem Ausräumen des Geschirrspülers höre, dann tanze ich mit jedem einzelnen Geschirrstück zu dem jeweiligen Schrank, um es einzuräumen. Manchmal wird dann das Geschirrtuch herumgewirbelt, weil es einfach gerade zu meiner tanzenden Bewegung passt. Da werden Pirouetten gedreht in der Küche – ich sag's Euch! Man möchte es kaum glauben.

Ab und an zieh ich dann meinen Freund Sam heran, und wir tanzen gemeinsam durch die gesamte Wohnung. Tja, in solchen Momenten fühle ich mich definitiv positiv be-schwingt. Gleichzeitig fühle ich mich nicht nur be-schwingt, ich schwinge mich selbst in ein Gefühl ein, das mein Herz leuchten und meine Augen strahlen lässt. Es macht einfach so viel Spaß und fühlt sich so gut an. Ich tanze förmlich in den Himmel hinauf. Ja, nachts tanze ich dann gemeinsam mit den Sternen. Sternentänzerin eben. ;)

Die Herausforderung, die sich für mich manchmal noch immer stellt, ist, mit den Schwingungen von anderen umzugehen. Menschen bezeichnen mich immer wieder als sehr empathisch. (Nicht sympathisch – sondern empathisch. Aber vielleicht macht ja Empathie auch sympathisch. Wer weiß?) Jedenfalls komme ich bei manchen Begegnungen echt etwas ins Straucheln. Wenn du eben ein sehr gefühlsbetonter Mensch bist, dann ist es gelegentlich nicht so leicht, Gefühle zu differenzieren. Hierfür gibt es einen schönen Vergleich mit den Begriffen „Mitgefühl" und „Mitleid".

Fühle ich einfach mit jemandem mit, weil ich weiß, wie es sich anfühlt? Oder leide ich mit dem anderen mit, weil ich mich von seinen Gefühlen mitreißen lasse?

Auf die derzeitige Situation in aller Welt bezogen, kann man dieses Geschehen sehr gut beobachten. Es gibt Menschen, die haben unglaublich starke Angst im Moment. Woher auch immer diese Angst kommen mag. Sie ist ja nicht unbegründet da. Allerdings verharren manche Menschen in diesem Angstzustand. Sie nähren die Angst. So wie ich es mein Leben lang bisher immer wieder tat. Und was ist passiert? Nach jedem Aufschwung kam der nächste große Aufprall. Das heißt, ich kenne diese Angst wie meine Westentasche. Sie ist auch nicht mit einem Wimpernschlag plötzlich verschwunden. Manchmal kommt sie wieder. Dann ist sie eben da. Doch ich habe für mich entschieden, sie nicht mehr zu nähren. In diesem Angstgefühl nicht mehr zu verweilen. Wenn man zu lange in einem Gefühl drinnen bleibt, dann ist es umso schwerer, da überhaupt wieder rauszukommen. Und so ist das auch mit diesem Mit-Leid. Menschen, die gerade megamäßig Angst haben, für die habe ich vollstes Mitgefühl, aber ich schmeiße mich nicht mehr in ihr Leid mit hinein.

Es kann natürlich, wie auch in meinem Falle, immer mal wieder vorkommen, dass man es gar nicht rasch bemerkt, wenn man sich doch mal wieder in dieses „Mitleid" hat fallen lassen. Mir wird es manchmal leider erst später bewusst. Da wird mein Energielevel völlig niedrig, und diese Energieräuber, wie zum Beispiel das Angstgefühl, schlagen plötzlich in alle Richtungen aus. Ich versinke in Panik, und ehe ich mich versehe, bin ich da in einen Strudel hineingeraten, in den ich eigentlich nicht mehr hineinwollte. Allerdings freut es mich jedes Mal aufs Neue, wenn ich erkenne: „Huch, na da habe ich mich aber wieder mal von einer schweren Schwingung mitreißen lassen! Ich Schlingel aber auch!";) Das ist dann dieser Moment, der sich wie ein Befreiungsschlag anfühlt, denn ich für mich weiß, dass ich in dieser stinkenden Brühe nicht mehr bleiben will. Also mache ich Folgendes: Ich entscheide mich dazu, einfach weiterzugehen. Ja genau, einfach weitergehen. Raus aus dem Strudel und rein in dieses geniale Abenteuer, das sich Leben nennt. Manch einer geht vielleicht mit. Manch einer entscheidet sich, dort zu bleiben, wo er gerade ist. Jedem das Seine.

Und in diesem Moment wird mir bewusst, wie einfach es doch wahrlich ist. Dieses Leben. Mit all seinen Möglichkeiten. Einfach herrlich.

So gehe ich weiter, frohen Mutes und beschwingt, während die Amsel ein fröhliches Abendlied singt …

Schöpferkraft

Vertraue auf die Kraft, die dir innewohnt,
und schöpfe stets aus dem Vollen!

Diese unbändige Kraft – Sie wohnt uns allen inne. Sie ist da. Ganz von selbst. Und doch wagen wir es manchmal nicht, uns ihrer zu bedienen. Vielleicht haben wir einfach Angst davor, das, was uns hier geschenkt wurde, auch anzuwenden. Ich selbst musste erst mal in mich hineinschauen, um zu sehen, womit ich mich selbst blockiere und was diese verborgenen Schätze in Wirklichkeit sind.

Ein abwertendes Selbstbild verhindert es, von dieser innewohnenden Kraft Gebrauch zu machen. Wenn du dich selbst als jemand siehst, der du in Wahrheit gar nicht bist, wie soll man dann sein Leben wahrhaft leben? Wie könnte man selbst wahrlich leben, wenn man es sich gar nicht erlaubt? Hier liegt der große Knackpunkt. Um aus dem Vollen zu schöpfen, ist es wichtig, einfach wahrzunehmen, wie man ist. Sich selbst zu erlauben, sein ganzes Potenzial, all seine Farben einfach zu leben. Sich selbst zu zeigen – authentisch, wahrhaftig, echt.

Denke ich zurück an die Momente in meinem Leben, in denen ich mich selbst kleingemacht habe, in denen ich mein wahres Sein mit Gewalt zu zerstören versucht habe, in denen ich dem Tode näher war als dem Leben – so ist der Ausgang dieser Erlebnisse doch immer derselbe. Irgendwann nahm ich unbewusst wieder diese innere Stärke zur Hand, stand auf und ging weiter. Aus eigener Kraft. Natürlich nahm ich ab und an Unterstützung von außen an, aber dieser eine entscheidende Schritt – er kam von mir selbst. Sogar in Momenten, in denen ich versuchte, mir das Leben zu nehmen. Da war stets etwas, das mich wieder zurück ins Leben katapultiert hat. Eine unvorstellbare Kraft. Vielleicht war es mein, bis heute gar nicht wahrgenommener, unbändiger Wille, den ich von Geburt an immer schon in mir getragen habe. Früher war ich der Meinung, ich hätte einen schwachen Willen, ich selbst wäre einfach schwach. Doch das fühlt sich heute nicht mehr wahr an. Heute fühle ich mich willensstark. Wie oft ich schon gefallen bin – ich kann es nicht in Zahlen fassen. Es ist auch nicht mehr wichtig, wie oft es geschehen ist. Was letztendlich zählt, ist, dass ich wieder aufgestanden und weitergegangen bin. Was wichtig ist, ist die Kraft und Stärke in mir selbst zu sehen. Mich selbst nicht mehr als eine Last zu betrachten, sondern als ein Geschenk. Nicht mehr als schwaches Opfer, sondern als kraftvolle Erschafferin meines Lebens.

Gestern sind mir ein paar alte Niederschriften aus dem Jahr 2016 „zugefallen". Ich habe sie, eine nach der anderen, gelesen. In den meisten fand ich etwas wieder, dessen ich mir bis heute gar nicht bewusst war. Vollkommen unbewusst wendete ich diese innere Schöpferkraft bereits unzählige Mal an. Immer wieder. In so vielen verschiedenen Momenten.

Mein Herz erstrahlte, während ich diese Worte aufsog. Plötzlich war es sonnenklar. Das Leben kann so einfach sein! Alles was wir zu tun haben ist, aus dem Vollen zu schöpfen. Jede Lösung kann von uns selbst erschaffen werden. „Es ist alles da, drum heißt es ja All", singen Sarah Lesch und Bastian Bandt in ihrem Lied. (Eines meiner absoluten Lieblingslieder, so nebenbei.)

Und da wir gerade bei Liedern sind – hier ein Auszug aus dem Jahr 2016, der ein schönes Beispiel für diese unendliche, uns innewohnende Schöpferkraft ist …

Nur ein Lied, 10. 01. 2016
Man hört ein Lied zum hundertsten Mal. Doch egal, wie viel Zeit vom letzten Mal Hören bis heute verstrichen ist – unser Verstand und unser Herz rufen genau dieselben Gefühle hervor, die damals entstanden, als wir es zum ersten Mal gehört haben. Sind auch Jahre mittlerweile vergangen, dieses Gefühl, diese Emotionen,

alles ist sofort wieder da. Einzigartig und wie für dieses Lied gemacht.

Erfüllt uns dieses Lied allerdings mit Trauer, wollen wir es vielleicht gar nicht wieder hören. Zu schmerzvoll ist all die emotionale Erinnerung, die damit verbunden ist. Vielleicht empfinden wir dieses Lied trotz allem aber auch als etwas Schönes. Vielleicht, weil es einfach so emotional ist. Doch wer ruft gerne freiwillig in sich Traurigkeit hervor? Das möchte doch niemand. Wir möchten Glück und Freude empfinden, wenn wir ein Lied hören. Niemand will Tränen vergießen, die begleitet werden von Sorge und negativen Gefühlen. Wir möchten lachen, anstatt zu weinen. Aber dieses Lied, dieser eine Song, es ist für uns selbst kein Lied der Glückseligkeit. Wir verbinden es mit etwas Schlechtem. Mit Zorn, Enttäuschung, Ärger, Trauer. Weg mit diesen Gefühlen! Weg mit diesem Lied! In so einem Moment könnten wir die Musik ausmachen und uns sofort etwas anderem zuwenden. Dann lenken wir uns ab. Dieses eine Lied, das uns so traurig macht, ist dann weg, und wir müssen nicht mehr diese Leere empfinden.

Glauben wir zumindest. Denn so ist es in Wahrheit doch einfach nur ein Schein, ein Irrtum, dass all unser negatives Empfinden mit diesem einen Lied für immer verschwinden würde. Die Gefühle sind trotzdem noch immer da. Ob mit oder ohne Lied. Sie wohnen tief in unserem Herzen. Erzeugt und gespeichert aus welchem Grund auch immer. Sie schlummern in uns, und wenn wir nicht bereit sind, sie endlich wahrzunehmen, um sie einfach sein zu lassen, dann werden sie immer wieder an die Oberfläche treten. Wir können sie unterdrücken, doch mit der Zeit werden sie uns innerlich auffressen.

Dieses eine Lied, als Ursache für solche Gefühle angenommen, ist im Prinzip nur der Präsentierteller, der uns sagt: „Hallo, ich bin hier. Ich begleite dich, solange du mich in dir trägst, und ich werde nicht verschwinden, solange du nicht bereit bist, mich zu sehen!"

Dieser eine Song legt alles offen. Wir sollten vielmehr dankbar sein und hinsehen. Die Augen und das Herz öffnen – uns nicht vor der Wahrheit verschließen. Wir sollten diese Gefühle, einfach alles, was in diesem Moment des Hörens hervortritt, willkommen heißen. Uns für sie öffnen und erlauben, dass sie eben genau jetzt einfach ein Teil von uns sind. Erlauben, dass sie da sind. Wir werden nicht lernen sie loszulassen, wenn wir sie immer nur verdrängen. Sie werden uns nicht loslassen, solange wir versuchen, sie zurück in die Kiste zu packen und so tun, als wäre nichts gewesen. Sie sind da und das aus einem bestimmten Grund.

Just in diesem Moment hörst du dieses Lied. Du denkst dir: „Weg mit dem Lied! Weg mit den Gefühlen!" Tu das nicht! Du hast in so einem Moment die einzigartige Gelegenheit, dich genau diesen ungeliebten Gefühlen zu stellen. Höre hin, folge dem Klang deines Herzens, der Melodie deiner Seele. Diese Möglichkeit ist etwas Unbezahlbares.

Hörst du es? Hörst du, was dein Herz dir sagt? Hörst du, was es dir mitteilen will? Woher kommen all diese negativen Emotionen? Woher rührt all diese Traurigkeit? Kannst du es hören?

Heute habe ich genau diese Schwelle überwunden. Ich habe all meinen Mut zusammengepackt und gesagt: „Auf geht's! Komme was wolle!" In Vertrauen und Zuversicht. Es war wie eine kleine Zeitreise. Plötzlich bin ich unzählige Momente durchlaufen. Alles, was war. Momente, die bereits eine Ewigkeit hinter mir lagen. Situationen, von denen ich dachte, ich hätte das alles längst verarbeitet. Wie eine Art Kopfkino, das mich in all seinen emotionalen Szenen vollkommen mitreißt. Ich war gefesselt. Es machte mir Angst. Ich dachte, ich wäre um Zeiten zurückgefallen. Ich dachte, ich müsste all das, was damals war, wieder durchleben. Noch einmal alles fühlen, sehen, hören, spüren. Ich hatte so verdammte Angst in diesem Moment – fühlte mich in die Enge getrieben. Wie ein verängstigtes Tier, das gejagt und dann in eine Ecke gedrängt wird. Am liebsten wäre ich davongelaufen, so sehr erschlugen mich diese Gefühle. Doch genau in diesem angstvollen Moment machte ich plötzlich ganz bewusst etwas anders.

Ich bin nicht weggerannt. Ich bin geblieben – stehen geblieben. Habe in diesem Moment verharrt. Ich ließ das Lied weiterlaufen, öffnete mein Herz und begann, genauer hinzuhören. Hörte mit einem Male alles, was mir diese Melodie mitzuteilen hatte. Da begann ich zu verstehen …

Mir wurde so vieles plötzlich klar. Ich verstand, woher diese negativen Gefühle kamen, und ich begriff, dass alles, was hier nun an die Oberfläche trat, doch letztendlich nur Erinnerungen aus der Vergangenheit waren. Erinnerungen, die mir jedoch im Hier und Jetzt nichts mehr anhaben konnten. Es waren eben einfach nur Erinnerungen. Gespeicherte Emotionen und Gefühle, die mich nun nicht mehr belasten mussten. Doch warum genau zu diesem Lied? Wieso erzeugte genau diese eine Melodie all das erdrückende Gefühlschaos?

Da war es mir klar. Es gab für mich diesen einen Moment, in dem ich wieder mal in ein tiefes Loch gefallen war. Dieser Moment, in dem ich genau dieses eine Lied hörte. Der Moment, in dem ich nicht mehr wusste, wofür ich eigentlich noch hier auf dieser Welt war, warum ich überhaupt noch lebte. Der Moment, der mich traurig machte, weil ich mich selbst doch so sehr hasste. Ich war nicht gut genug für diese Welt. Ich wurde nicht geliebt. Ich war für nichts zu gebrauchen. Mein Leben lief sowieso nur schief. Im Prinzip machte es damals für mich keinen Unterschied, ob ich hier war oder nicht. Ob ich am Leben war oder nicht. Ja, das war dieser Moment, in dem ich dieses bestimmte Lied hörte. Allein. Im Dunkeln sitzend, mit Tränen in den Augen und der Überlegung, wie man doch am schnellsten dieses schmerzvolle Dasein hier beenden könnte. So ein Moment war das.

Grauenhaft, dies so zu sehen. Doch nun ließ ich diesen Moment einfach Moment sein. Ich wusste, entweder lerne ich jetzt für mich, diesen Prozess umzustellen, zu wandeln und begreife, dass dieser Moment Geschichte ist – im Hier und Jetzt nicht mehr real. Oder ich werde ewig mit diesen Gefühlen und Erinnerungen kämpfen müssen. Lasse mich ewig durch ein banales Lied wieder zurück in die tiefsten Abgründe ziehen. Nein! Das wollte ich nicht mehr. Ich wollte etwas ändern. Und so kam es, dass sich an diesem Tag etwas wandelte.

Nachdem ich allen Gefühlen und Emotionen erlaubt hatte zu kommen, da zu sein, sie wahrgenommen und beachtet hatte, ließ ich sie dann auch wieder gehen. Ich startete eine Art Umgestaltung. Gestaltete in meinem Kopf ein anderes, völlig neues Gedankenbild. Ich dachte mir: „Es gibt doch so viele Gründe, dankbar zu sein, hier auf Erden leben zu dürfen." So spielte ich vor meinem inneren Auge Momente ab, die für mich jetzt Dankbarkeit bedeuteten. Momente, die Freude und Glück und Liebe zeigten. Momente, mit denen ich all die Bilder, die in mir hochkamen, verbinden und umgestalten konnte.

Als Erstes sah ich meine Familie. Ich wusste, welch' schwierige Zeiten wir durchlebt hatten. Wusste, dass es genügend Zeiten gab, in denen ich Zorn, Wut und Traurigkeit empfunden hatte, sobald ein Bild meiner Familie vor meinen Augen erschienen war. Das war allerdings nicht dieses Bild, dem ich heute meine Energie schenken wollte. Es war nicht mehr das Bild, das ich nähren wollte. Daher tauschte ich an diesem Tag das Alte gegen etwas Neues.

Ich schenkte diesem Bild der Familie innigste Dankbarkeit. Dankbarkeit dafür, eine Familie zu haben, die mich liebt, die mich als Kind wundervoll versorgt hat. Eine Familie, die immer für mich da ist. Eine Familie, die ich über alles liebe und der ich heute von ganzem Herzen einfach meine Dankbarkeit schenke. Der Weg bis hierhin war ein beschwerlicher. Für uns alle. Irgendwann war ich von so unglaublichen Schuldgefühlen geplagt. Schuldgefühle, eine riesengroße Last für meine Familie zu sein. Schuldgefühle, die mich damals irgendwann zu dem Glauben brachten, dass es für meine Familie leichter wäre, wenn ich nicht mehr hier wäre. Ich wollte niemandem zur Last fallen. Früher konnte ich es leider nicht sehen, dass ich die ganze Last, die ich mit mir trug, selbst auf mich genommen hatte. Ich hatte es selbst in der Hand, sie loszulassen. Jetzt, in diesem Moment, lege ich sie ab und mit ihr all diese grauenhaften Schuldgefühle. Ich lege es ab und fülle dieses Bild meiner Familie ganz einfach mit Liebe und Dankbarkeit.

Das Einzige, dessen es in diesem Moment bedarf, ist die eigene Überwindung, eine kleine Veränderung der inneren Sichtweise und eine Neuausrichtung seiner eigenen Energie. Dann ist ein Wandel möglich. Dann ist alles möglich.

Nach diesem neu gewonnenen Familienbild fuhr ich fort mit weiteren gedanklichen Bildern. Schritt für Schritt bearbeitete ich jedes einzelne Bild, das in mir hochkam. Jedes einzelne Bild – es waren so unglaublich viele. So viele Momente, die da plötzlich auftauchten und mich abermals emotional zu fesseln drohten. Doch es war mir egal. Komme was wolle, dachte ich mir abermals. Ich war stark.

Mein letztes Bild war ein ganz Besonderes. Es war das Bild von mir selbst.
Ein Bild, das mich schwach und verletzlich, am Boden zusammengekauert, sitzend, heulend, vor- und zurückwippend zeigte. Ein Bild, das ich echt nicht gerne sah. So wollte sich keiner selbst sehen. Doch ich wusste – auch diese Erinnerung, diese Speicherung in meinem Gedächtnis wollte in diesem Moment von mir wahrgenommen und akzeptiert werden. Ich musste nur irgendetwas finden, für das ich auch in Verbindung mit dieser Situation dankbar war. Es war die schwierigste Auflösung von allen. Das für mich schwierigste Bild von allen. Es machte mir so unglaublich große Angst. Ich verharrte für einen kurzen Augenblick in diesem Karussell der Gefühle. Als würde ich in einem tiefen Ozean, auf dem Rücken liegend, ins Nichts treiben. Als wäre ich verloren, und irgendwo unter mir war das Ende. Das Ende allen Lebens. Ich spürte den Sog, der sich unter meinem Körper bildete. Der Sog der Wut. Der Sog von Hass, Trauer, Enttäuschung, Selbstbestrafung – der Hass gegen mich selbst. Und er versuchte, mich runterzuziehen. Ganz tief nach unten – in das endlose, dunkle Nichts. Er zerrte an mir, versuchte, meinen Körper und meine Seele mitzureißen. Ich musste diesen Moment durchbrechen! Ich musste mich von diesem Sog lösen! Jetzt! Sofort! Ich musste etwas tun! Nur was? Es war so schwer. Schwer deshalb, weil ich wusste, es gab nur einen Ausweg, um mich aus diesem Strudel zu befreien. Dieser eine Schritt, der ganz mich alleine

betraf: Es war Zeit, mir endlich selbst zu verzeihen und auch für diese Erfahrung dankbar zu sein! Es war der schwierigste Schritt in meinem bisherigen Leben.

So schrieb ich einen Brief. Einen Brief an mich selbst:

Liebes Ich!
Ich vergebe dir all deine negativen Gedanken mir selbst gegenüber. All den Hass, den du gegen mich selbst gerichtet hast. All die Verletzungen, die du mir selbst zugefügt hast. Ich vergebe dir all die Wut, all die Selbstzweifel und all die Momente, in denen du vergessen hast, was für ein wunderbarer Mensch ich bin. Ich bin dankbar, dass du mir gezeigt hast, was passiert, wenn ich stets auf der Suche nach Liebe im Außen bin, anstatt sie in mir selbst zu entdecken. Danke, dass du mir gezeigt hast, was es bedeutet, sich nicht geliebt zu fühlen, um die Liebe in mir selbst zu finden und mein Herz für die bedingungslose Liebe zu öffnen. Danke, dass du mir geholfen hast, meine innere Stärke wachzurütteln und die Leere in mir selbst zu füllen. Danke, dass du mich mit Selbstzweifel und Selbstenttäuschung konfrontiert hast, damit ich aufwache und sehe wie gut und wertvoll ich selbst bin und dieses Leben hier auf Erden ist. Danke, dass ich nun endlich sehen kann, welch' wunderschöne Momente das Leben bereithält, wenn man sein eigenes Dasein als etwas Wunderschönes betrachtet. Danke für all das, was ich war, was ich heute bin und was ich sein darf. Durch dich habe ich begonnen, mit dem Herzen zu sehen. Einfach Danke!

Viel mehr gibt es heute wohl nicht mehr zusagen, außer einem: Ich habe nun jedes Mal, wenn ich dieses eine Lied höre, Tränen in den Augen. Aber dieses Mal sind es Tränen der Freude, Tränen der Liebe, Tränen der Dankbarkeit und Tränen des Glücks …

Was für eine wundervolle Geschichte. Selbst heute, als ich diesen Text nochmal geschrieben habe, machte sich Gänsehaut auf meinem

Körper breit. Ich bin bewegt. Ist es nicht einfach unglaublich, was für ein grenzenloses Potenzial wir bereits in uns tragen? Es wird Zeit, dies auch zu erkennen, anzunehmen und anzuwenden! Für mich ist es nicht verwunderlich, dass ich heute ein Buch schreibe. Ich habe immer schon gerne gelesen und selbst geschrieben. Bereits als Kind bargen Worte für mich eine unvorstellbare Kraft in sich. Alles was mit diesen Worten mitschwingt – es ist wahrlich machtvoll. Worte, sie sind wahrhaft magisch. Sie können verzaubern, dich eintauchen lassen in eine für dich ganz neue Welt. Sie sind lebendig. Sie entspringen dieser unbändigen Schöpferkraft. Es heißt ja nicht umsonst: Im Anfang war das Wort.;)

Heute, an diesem Sonntag, bringe ich das zu Ende, was ich einst mit Begeisterung und Hingabe begonnen habe. Wer hätte das gedacht, dass diese umstrittene Coronazeit so etwas Wundervolles zum Vorschein bringen würde. Für mich haben sich neue Türen geöffnet. Ich durfte meiner tiefsten Angst ins Auge blicken, durfte wahrnehmen, wer ich wirklich bin. Ich durfte mir selbst wahrhaftig begegnen. Durfte alles sehen, was da war und was da ist. Ich durfte Schätze entdecken, die bis dahin im Verborgenen gewesen waren. Und ich durfte meine ganze Schöpferkraft hervorbringen, um etwas Neues zu erschaffen.

Corona hat gewiss Veränderung mit sich gebracht. Für mich jedenfalls hat sich vieles verändert. Gefühlt – meine ganze innere Welt.

Viele wunderbare Helferlein kämpfen bis heute an vorderster Front. Sie kämpfen dafür, dass Menschen leben. Sie kämpfen für das Leben. Sie waren und sind unermüdlich im Einsatz. Danke für Euer Wirken! Auch ich bin seit einiger Zeit selbst wieder im Dienst und Einsatz in einem Beruf, den ich echt gerne ausübe. Doch es waren diese Momente der Stille, die für mich ganz besonders wertvoll waren. In diesen wertvollen Momenten ganz mit mir selbst zu sein. Es hat mich verändert. Es hat mich zu mir selbst geführt. Es hat mich geöffnet, transformiert, geheilt. Es waren jene Momente, welche dieses Werk entstehen ließen.

In diesem Moment schreibe ich die letzten Zeilen meines ersten Buches. Ich kann es noch immer kaum fassen, was da in den vergangenen Wochen und Monaten entstanden ist. Irgendwie ganz von selbst. Ganz von allein. Ich bin froh und glücklich, dass ich es einfach gemacht habe.

Alles hat einen Sinn.
Alles hat seine Aufgabe.
Das Leben steckt voller Möglichkeiten.
Entscheidend ist,
was wir selbst daraus machen.

„YVI rising" – Die wahre Kunst des Lebens
Es ist vollbracht!
Und am Ende sehen wir jetzt alle,
was dabei herausgekommen ist. ;)

Danke für unser aller Sein!

In Liebe
Yvonne Natascha Knoblauch

Nachwort

Endlich – es regnet! Nach einer längeren Durststrecke hat uns der Himmel heute Wasser geschenkt. All der Druck, der in der Luft zu liegen schien, hat sich auf einmal aufgelöst. Es fühlt sich nun irgendwie leichter an.

Die Nacht bricht herein, und mit ihr lichtet sich der Himmel. Ich sitze draußen – genieße diese reine, erfrischende Luft. Es duftet nach neuem Leben. Ich sitze einfach da und genieße es.

Am Himmelszelt erscheint ein Stern. Hell und klar – er strahlt in voller Schönheit. Da zeigen sich, wie aus dem Nichts, unzählige weitere Sterne. Einer nach dem anderen, bis sie im Nu den ganzen Himmel erleuchten.

Es ist so ruhig. Nur ein paar Grillen zirpen ihr Gute-Nacht-Lied. Ab und an fällt noch ein Wassertropfen zu Boden. Ein sanftes Klangspiel in dieser Nacht.

Ich fühle mich so verbunden. Der Himmel, die Erde, alles ist da. Als würde mich das ganze Universum umarmen. Ich fühle mich geborgen.

Und plötzlich, in diesem vollkommenen Moment, begegnen wir uns wieder. Frieden durchströmt meinen ganzen Körper. Mein Geist ist klar, meine Seele macht einen Freudensprung. Mein Herz – es pocht liebevoll in Einklang mit allem.

Was für ein Moment. Was für ein Geschenk. Zufrieden lächle ich. Von Dankbarkeit erfüllt.

*Und Gott der Herr rief Yvi
und sprach zu ihr:
Wo bist du?*

*Und Yvi sprang hinter einem Berg von Klopapier hervor,
streckte ihre Arme dem Himmel entgegen
und rief:
Tada! Hier bin ich!*

(PS: Heute schon gelacht?)

Danksagungen

Vielen Dank an Flo für die Inspiration, mich einfach treiben zu lassen und den damit gelegten Startschuss für mein schriftstellerisches Werk.

Ein riesengroßes Dankeschön meiner Familie, dass ihr diese Ausnahmesituation dank Anrufen, Fotos, Nachrichten und Videotelefonie um ein Vielfaches bunter gestaltet habt. Danke meinen Eltern für die Unterstützung zur Veröffentlichung dieses Buches und dass ihr einfach von Herzen an mich glaubt.

Tausend Dank an Elke, für Deine unbändige Begeisterung, mit der du mir jedes Mal aufs Neue unvorstellbaren Aufschwung und Mut verliehen hast, um auf meinem Weg voranzugehen. Danke für deine Herzlichkeit, die liebevolle Unterstützung und die Wertschätzung, mit der Du nicht nur mein „Erstlingswerk", sondern auch mich auf meinem Weg zur Autorin begleitet hast.

Herzlichen Dank an Dominik, dass ich dir trotz Ausgangsbeschränkungen offen und mit all meiner Verletzlichkeit begegnen durfte.

Vielen Dank an meinen Mitbewohner und besten Freund Sam, der mir sein allerliebstes Lächeln schenkte, wenn ich kurz mal wieder an mir selbst zweifelte.;) Und vielen lieben Dank meinem Bruderherz, dass Du ihn zu mir geschickt hast.

Liebsten Dank an Schorschi und Padre Pio für die Blumen sowie an Sofia für das Karten-Set. Manchmal brauchen wir Menschen es wohl einfach bildlich, in Farbe, direkt vor unserer Nase, um es sehen zu können.

Danke an das gesamte Verlagsteam für die gute Zusammenarbeit. Vor allem an Frau Grandits für Ihre Geduld, den erfrischenden Austausch und die großartige Betreuung.

Unendlichen Dank an mein geistiges Team und das Universum für all die Geistesblitze, die mich jede Hürde überwinden ließen und die „Nebel von Yvi" letztendlich gelichtet haben.

Ein großes Dankeschön an all die wundervollen Menschen, denen ich in meinem Leben bisher begegnen durfte. Jede einzelne Begegnung hat mein Leben bereichert und die einst kleine, unscheinbare Knoblauchzehe zu einer wahren Knolle heranwachsen lassen. :D

Danke euch allen!♥

Die Autorin

Yvonne Natascha Knoblauch erblickte 1986 in Bruck an der Mur das Licht der Welt. In der Ortschaft Turnau wuchs sie inmitten malerischer Landschaft auf und legte 2005 an der HBLA Leoben die Matura ab. Anschließend arbeitete sie einige Jahre als Rezeptionistin und Büroangestellte in diversen Unternehmen. Als Kinderbetreuerin absolvierte sie 2018 einen fünfmonatigen Freiwilligendienst beim Cholmondeley Children's Centre in Neuseeland. Freude fand sie in der Assistenz von Menschen mit Behinderung, etwa als Begleitung am Arbeitsplatz oder bei Freizeitbeschäftigungen. Seit Anfang 2019 ist sie in der Schulassistenz für Kinder mit Behinderung tätig.

Als ein „Kind vom Lande" hält sich Yvonne Natascha Knoblauch nach wie vor am liebsten in der Natur auf. Zuhause lässt sie ihrer Kreativität durch schreiben, malen oder basteln freien Lauf. Außerdem liest sie gern, macht Yoga und reist in ferne Länder. Seit 2019 lebt sie wieder in ihrem Geburtsort.

Der Verlag

> *Wer aufhört besser zu werden, hat aufgehört gut zu sein!*

Basierend auf diesem Motto ist es dem novum Verlag ein Anliegen neue Manuskripte aufzuspüren, zu veröffentlichen und deren Autoren langfristig zu fördern. Mittlerweile gilt der 1997 gegründete und mehrfach prämierte Verlag als Spezialist für Neuautoren in Deutschland, Österreich und der Schweiz.

Für jedes neue Manuskript wird innerhalb weniger Wochen eine kostenfreie, unverbindliche Lektorats-Prüfung erstellt.

Weitere Informationen zum Verlag und seinen Büchern finden Sie im Internet unter:

w w w . n o v u m v e r l a g . c o m